Pierre Franckh

Das Gesetz der Resonanz

Pierre Franckh

Das Gesetz der Resonanz

KOHA

Wichtiger Hinweis

Die im Buch veröffentlichten Ratschläge wurden von Verfasser und Verlag sorgfältig erarbeitet und geprüft. Eine Garantie kann dennoch nicht übernommen werden. Ebenso ist die Haftung des Verfassers bzw. des Verlages und seiner Beauftragten für Personen-, Sach- und Vermögensschäden ausgeschlossen.

11. Auflage: 2020
Lektorat: Birgit-Inga Weber
Umschlag: HildenDesign, München
unter Verwendung eines Motivs von Sybille Yates / Shutterstock
Gesamtherstellung: Karin Schnellbach
Druck: CPI, Moravia
ISBN 978-3-86728-066-2

Inhalt

Die außergewöhnliche Kraft,
die im Gesetz der Resonanz liegt,
ist wohl eine der größten Entdeckungen für unser Leben.

Wenn sich Wünsche bisher nicht erfüllt haben,
wenn Sehnsüchte unerfüllt blieben,
wenn Dinge in unser Leben traten,
die wir gar nicht wollten,
wenn wir unglücklich sind
oder Niederlagen einstecken mussten,
finden wir den Schlüssel dafür im Gesetz der Resonanz.

Wenn wir beginnen, das Gesetz der Resonanz
zu begreifen, und verstehen, wie wir es nutzen können,
ist in unserem Leben alles möglich.

Wer möchtest du gerne sein?

Im Leben gibt es keine Lösungen.
Nur Kräfte, die in Bewegung sind.
Man muss sie erzeugen
und die Lösungen werden folgen.
ANTOINE DE SAINT-EXUPÉRY

Wenn du sein könntest, wer immer du sein möchtest: Wer möchtest du gerne sein? Wenn es keine Begrenzungen gäbe, keine Vorbehalte oder niemanden mehr, der sagen würde, deine Wünsche seien überzogen oder größenwahnsinnig, lächerlich oder anmaßend? Wenn du also sein könntest, wer immer du sein möchtest, und wenn alle Wege und Türen offen stünden: Wer würdest du dann gerne sein?

Diese Frage hat mich schon als Jugendlicher sehr beschäftigt. Auch für meine Freunde war es von ziemlicher Bedeutung, was sie gerne werden wollten. Kein Wunder. Waren wir doch gerade in dem Alter, in dem wir die Weichen für unsere Zukunft stellten.
Wenn ich aber die gleiche Frage damals an Erwachsene richtete, erntete ich oftmals nur Unverständnis und Ratlosigkeit. Es gab offensichtlich ein Alter, in dem man der Frage, »wer man gerne sein möchte«, aufhörte nachzugehen.
Bei mir hat die Wichtigkeit dieser Frage jedoch nie nachgelassen.

Heute stelle ich sie mir sogar öfter denn je. Denn die jeweilige Antwort bestimmt mein Leben. Sie formt meine Sehnsüchte, meine Entscheidungen, meine Urteile, meine Überzeugungen und meine Entwicklung. Sogar mein Umfeld verändert sich danach – letztendlich mein ganzes Leben.

Und dennoch ist es seltsamerweise noch heute so: Stelle ich *Erwachsenen* diese Frage, ernte ich immer noch Unverständnis und Ratlosigkeit. Allein die *Idee,* darüber nachzudenken, finden viele albern. Die meisten Menschen beschäftigen sich nicht mehr damit. Wieso auch? Wenn man davon überzeugt ist, dass man sein Leben sowieso nicht ändern kann, ist es mühselig, sich darüber Gedanken zu machen ...

Dass man jedoch gerade *aufgrund* dieser eigenen Überzeugung nicht in der Lage ist, sein Leben zu verändern, ist das Fatale. Denn diese Glaubenssätze schreiben das Drehbuch unseres Lebens.

Durch die neuesten Erkenntnisse der Quantenphysik, der Quantenbiologie, der modernen Mathematik und der Epigenetik[1] tritt immer deutlicher zutage, dass es stets die Kraft der menschlichen Überzeugungsmuster ist, die uns zu dem werden lässt, was wir zu sein glauben: von der Gesundheit bis zur Krankheit, von der Immunabwehr bis zu unserem Hormonhaushalt, von unseren Selbstheilungskräften bis zu unserer Glücksfähigkeit.

Die wahren Grenzen existieren nur in unserem Kopf. Ansonsten liegt ein Reich unbegrenzter Möglichkeiten vor uns. Und das Wunderbare ist, dass wir mit dieser Aussage nicht länger allein auf unseren Glauben oder auf reine Mutmaßung angewiesen

sind, denn sie wird nun auch von der Wissenschaft begleitet, die uns genau in dieser Auffassung bestärkt und bestätigt.
Untersuchungen zeigen sogar, dass wir mit unseren Überzeugungen nicht nur unser *eigenes* Leben beeinflussen, sondern das unseres gesamten Umfeldes. Mit unserer Gedankenkraft und unseren Gefühlen haben wir die Möglichkeit, all die Veränderungen in unserem Leben vorzunehmen, die wir uns so sehr wünschen.
Wir könnten mit unseren neuen Überzeugungen sogar unsere DNA verändern, unsere Selbstheilungskräfte anregen, unserem Leben Glück und Freude einhauchen und all das erreichen, was uns möglich erscheint.

Unmöglich ist nur das, was wir für unmöglich halten.

Vielleicht bist du im Moment davon überzeugt, dass gerade diese Idee der unbegrenzten Möglichkeiten unmöglich ist. Dann ist das deine Überzeugung. Daran ist nichts falsch oder richtig, nichts gut oder schlecht. Es ist einfach deine Überzeugung. Und genau danach wird sich dein Leben ausrichten und entwickeln.

Was aber, wenn deine Überzeugungen und dein Weltbild auf falschen Tatsachen und Informationen basieren?

Die neuesten wissenschaftlichen Erkenntnisse beweisen jedenfalls zweifelsfrei, dass wir durch unsere Gedanken, Gefühle und Überzeugungen zu allem in der Lage sind. Denn gerade unsere emotional untermauerten und gespeicherten Überzeugungen sind es, die ein gewaltiges Resonanzfeld aufbauen. Und alles

– alles auf dieser Welt –, was mit diesem Resonanzfeld mitschwingen könnte, wird von dieser Schwingung ergriffen und kann gar nicht anders, als mitzuschwingen.

Die Frage ist also: Welches Resonanzfeld baust du gerade auf? Und damit sind wir bereits mittendrin.

Wenn du sein könntest, wer immer du sein möchtest:
Wer möchtest du gerne sein?

Und was hindert dich daran?

Teil 1

Entdeckungen, die die Welt verändert haben

Jede Zeit hat ihre eigenen Fortschritte

Was ist, wenn alle deine Überzeugungen auf falschen Tatsachen und Informationen basieren?

Dieser erste Teil des Buches kann eine kleine Herausforderung für deinen Verstand bedeuten, denn er ist bisher von einem völlig anderen Aufbau der Wirklichkeit ausgegangen. Sei also nicht überrascht, wenn er anfangs vielleicht auf Abwehr geht. Du erkennst es daran, dass du das Folgende entweder nicht glaubst, nicht verstehst oder es schlichtweg ignorierst. Welche Reaktion sich dein Verstand aussucht, ist im Grunde unwesentlich. Wichtig ist, zu wissen, dass all das, was du jetzt lesen wirst, längst eine wissenschaftlich bewiesene Tatsache ist.
Falls es dich beruhigt: Ich selbst habe auch ziemlich lange gebraucht, bis ich so manches Gedankenmodell verinnerlichen konnte.
Sei also nicht allzu ungeduldig mit dir selber, wenn sich dein Verstand mit den neuen wissenschaftlichen Erkenntnissen etwas schwertut.

Jede Zeit hat ihre eigenen Fortschritte und tastet neue Grenzen an. An solchen Grenzen befinden wir uns gerade.

Letztendlich ist es sehr aufregend, diesen Wandel des Bewusstseins mitmachen zu dürfen. Denn gerade die neuen Erkenntnisse erklären deutlich, was es mit dem Gesetz der Resonanz auf sich hat und wie wir *Erfolgreich wünschen* effektiv für uns nutzen können, um unsere Wunschziele zu erreichen.

Was ist Resonanz eigentlich?

Resonantia = Widerhall
Resonanz = Echo, Nachhall,
Nachklang, Mitschwingen

Durch das Gesetz der Resonanz verstehen wir, wie alles im Universum über Schwingungen miteinander kommuniziert. Alle Dinge und Lebewesen in der uns bekannten Welt besitzen eine Eigenschwingung. Auch alle Organe und Zellen unseres Körpers. Ebenso die Materie. Wenn wir Materie auf ihre Schwingungsenergie hin untersuchen, werden wir feststellen, dass verschiedene Objekte meist mit unterschiedlicher Frequenz schwingen. Einige schwingen auch mit der gleichen oder mit einer ähnlichen Frequenz.
Wir kennen das vom Klavier: Schlagen wir einen Ton auf dem Klavier an, dann werden alle Saiten, die mit dem angeschlagenen Ton resonieren – die den angeschlagenen Ton also erkennen und mit ihm harmonieren –, ebenfalls in Schwingung gebracht. Die Noten mögen höher oder tiefer sein: Solange sie sich in Resonanz befinden, werden sie zum Schwingen gebracht.

Andere Menschen, Dinge oder Ereignisse können sich dem Schwingungsfeld, das wir in uns erzeugen, nicht verweigern, wenn sie mit unserer erzeugten Frequenz resonieren.

Sie müssen und werden darauf reagieren.
So wie alle anderen Saiten eines Klaviers, die mit der angeschlagenen Saite resonieren, gar nicht anders können, als mit dieser Saite mitzuschwingen, können sich auch Menschen, Dinge oder Ereignisse nicht verweigern mitzuschwingen, wenn sie sich auf der gleichen Schwingungsebene befinden wie wir.

Was ist nun der Vorteil, wenn andere mit unserer Energie zum Schwingen gebracht werden?
Hier kommt die zweite grundlegende Aussage des Resonanzgesetzes ins Spiel:

Gleiches zieht immer Gleiches an.

Alles was mit uns resoniert, wird unweigerlich in unser Leben gezogen. Das muss nicht immer positiv für uns sein. Die Schwingung kann zum Beispiel so stark sein, dass sie Materie zerstört. Ein Opernsänger kann allein durch den Schall seiner Stimme ein Glas zum Zerspringen bringen. Er leitet Energie durch den Raum zum Glas. Wenn die übertragene Energie die gleiche Schwingung besitzt wie das Glas, also die gleiche natürliche Frequenz wie die Molekularstruktur des Glases, kann die Belastung derart groß werden, dass das Glas zerspringt.

Natürlich »bersten« wir nicht wie ein Glas. Sogenannte »negative« Schwingungsenergie, die wir in uns tragen, kann allerdings Bereiche in uns zum Schwingen bringen, die wir nicht mögen, oder aber unangenehme, vielleicht sogar erschütternde Ereignisse in unser Leben ziehen.

Deswegen ist es so wesentlich für uns, sehr genau zu wissen, in welcher Eigenschwingung wir uns befinden und welches Resonanzfeld wir bewusst oder unbewusst aufbauen.

Auf welche Weise senden wir unsere Wünsche wirklich aus?

Es ist schwieriger, eine vorgefasste Meinung
zu zertrümmern als ein Atom.
Albert Einstein

Seit Menschengedenken gilt das Herz als stärkstes Symbol für die Liebe und als das Zentrum unserer Gefühle. Doch dann tauchten die moderne Wissenschaft und die Schulmedizin auf und wollten uns weismachen, das Herz sei einfach eine Pumpe, mit deren Hilfe unser Blut durch unseren Körper zirkuliert. Obwohl wir »normalen Menschen« keine wissenschaftlichen Gegenargumente parat hatten, hielt sich bei uns hartnäckig die Überzeugung, dass das Herz das Zentrum unserer Gefühle ist. Eine Vielzahl an Redensarten belegt dies, zum Beispiel: »Sie ist an gebrochenem Herzen gestorben«, oder: »Er fasste sich ein Herz und fragte sie ...« Das heißt, dass derjenige »Mut« haben soll, um sein Ziel zu erreichen. Das Wort »Mut« bedeutet im Lateinischen auch »Herz besitzen«. Das Wort »Herz« wiederum ist verwandt mit »Glaube«.
Wie wahr dieser Zusammenhang ist und wie sehr sich die Wissenschaft irrte, zeigen erstaunliche Entdeckungen, die bereits 1993 gemacht wurden, aber niemals wirklich an die Öffentlichkeit kamen. Die Wissenschaft tut sich eben manchmal schwer, Irrtümer einzugestehen.

Das HeartMath Institute,[2] das 1991 gegründet wurde und inzwischen auf der ganzen Welt wegen seiner revolutionären Entdeckungen anerkannt ist, führte grundlegende Forschungsarbeiten in emotionaler Physiologie und Herz-Hirn-Wechselwirkungen durch. 1993 wollte man zum Beispiel die Macht der Gefühle über den menschlichen Körper untersuchen und konzentrierte sich dabei auf den Bereich unseres Körpers, von dem man annahm, dass er für die Entstehung von Gefühlen verantwortlich sei: unser Herz.
Schon ziemlich rasch, bereits bei den ersten Untersuchungen, machte man eine überaus erstaunliche Feststellung und war regelrecht fassungslos, dass man das nicht bereits früher entdeckt hatte: Das Herz ist umgeben von einem gewaltigen Energiefeld: Es hat die Größe von ungefähr zweieinhalb Meter Durchmesser!

Das muss man sich vorstellen: Das Herz erzeugt ein Energiefeld, das weitaus größer ist als das Energiefeld des Gehirns! Bisher war die Wissenschaft davon ausgegangen, dass das Gehirn mit all seinen elektromagnetischen Impulsen den größten »Senderadius« besäße. Und nun fand man ein energetisches Feld, das wesentlich größer ist; es hat eine solche Stärke, dass es weit über den eigenen Körper hinausreicht. Man nimmt an, dass das vom Herzen ausgestrahlte Energiefeld in Wirklichkeit sogar einen wesentlich größeren Radius als den gemessenen einnimmt, doch die heutigen, noch unzulänglichen Messgeräte erlauben noch keine weitergehenden Ergebnisse.

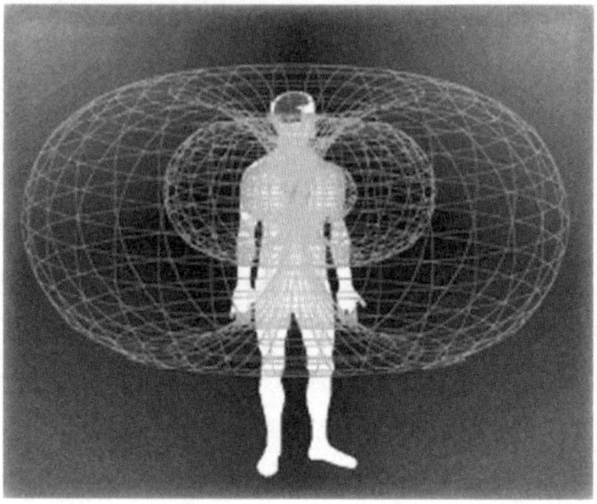

Darstellung des elektromagnetischen Feldes um das menschliche Herz. Dieses Feld umhüllt nicht nur jede Zelle des Körpers, sondern auch alle Bereiche außerhalb des Körpers.[3]

Nachdem sich das erste Erstaunen gelegt hatte, kam schnell die Frage auf, welchen tieferen Sinn dieses Energiefeld um unser Herz herum denn überhaupt hat.
Die bisher gewonnenen Erkenntnisse sind ebenso bemerkenswert wie überraschend:

Die vom Herzen erzeugten elektrischen und magnetischen Felder kommunizieren mit den Organen in unserem Körper.

Man konnte sogar nachweisen, dass es eine Verbindung zwischen Herz und Gehirn gibt, wobei das Herz dem Gehirn signalisiert, welche Hormone, Endorphine oder anderen Chemikalien es im Körper erzeugen soll.

**Das Gehirn handelt nicht eigenständig,
sondern erhält die Signale dafür vom Herzen.**

Es ist also das Herz, das alle Informationen verteilt! Aber auf welche Weise »kommuniziert« es mit dem Gehirn und den Organen?

In weiteren Versuchsreihen fand man heraus, dass alle Informationen mittels *Emotionen* weitergegeben werden. In unseren Emotionen sind also sämtliche Informationen enthalten, durch die unser Herz das Gehirn und die Organe wissen lässt, was unser Körper zum jeweiligen Zeitpunkt braucht.

Aber das ist längst nicht alles. Als man weiterforschte, entdeckte man, dass das elektrische und magnetische Feld, das vom Herzen ausgesandt wird, nicht nur durch unsere Emotionen aufgebaut wird, sondern seine Kraft durch eine weitere bedeutende Ursache erhält, und zwar durch unsere *Überzeugungen,* durch all die Dinge also, die wir tief in uns glauben und nach denen wir unser Leben ausrichten! All dies findet sich als Information in der ausgesandten Energie unseres Herzens wieder und wird mit der größten Sendestärke unseres ganzen Körpers nicht nur zu unserem Gehirn und unseren Organen, sondern auch weit in die Welt hinausgetragen. Auch in manch einer Redensart findet sich der Widerhall dieser uralten Wahrheit: »Er verteidigte seine Sache mit dem Brustton der Überzeugung«, »Es ist sein Herzenswunsch«, »Mit der Kraft des Herzens wünschen«, und natürlich: »Mit der Sprache des Herzens.«

Unser Herz dient als eine Art Vermittler, der alle unsere Überzeugungen und Gefühle in elektrische und magnetische Schwingungen und Wellen wandelt.

Und diese elektromagnetischen Wellen sind nicht nur auf unseren Körper beschränkt, sondern reichen weit in unser Umfeld hinein und interagieren mit allem, was uns umgibt.
Unser Herz übersetzt all die Überzeugungen, all die Vorstellungen und Emotionen in eine andere *Sprache* – eine codierte Sprache der Schwingungen und Wellen – und sendet sie aus.

Unsere Überzeugungen stehen durch die elektrischen und magnetischen Wellen, die unser Herz aussendet, in Wechselwirkung mit der physischen Welt.

Wie groß die ausgesandte Energie ist, haben Untersuchungen des HeartMath Institutes gezeigt.

- Die elektrische Kraft des Herzsignals (EKG) ist bis zu 60-mal stärker als das elektrische Signal des Gehirns (EEG).
- Das magnetische Feld des Herzens ist sogar 5000-mal stärker als das des Gehirns.

Wir senden über unser Herz also wesentlich mehr Energie aus als über unser Gehirn.
Warum ist das so wichtig für uns zu wissen? Ganz einfach, weil wir dadurch endlich verstehen, warum sich manche Wünsche

so leicht erfüllen, während andere Wünsche noch nicht in unserem Leben manifestiert werden können, obwohl wir uns doch so viel Mühe geben und sie nach bestem Wissen und Gewissen visualisieren.

- Sagen wir uns beständig Affirmationen oder bauen wir Bilder vor unserem geistigen Auge auf, *ohne* von der Erfüllung unseres Wunsches *gefühlsmäßig überzeugt* zu sein, sendet nur unser *Gehirn* seine elektromagnetischen Wellen aus, während unser eigentliches Gefühlszentrum – das *Herz* – unsere *wirkliche* Überzeugung, meistens unsere Zweifel und Ängste, mit 5000-fach größerer Stärke in die Welt sendet. Die Konsequenz daraus liegt klar auf der Hand: Es kann sich nur das *wirklich* in unserem Leben erfüllen, woran wir *aus tiefstem Herzen glauben.*

Stärken wir unsere Überzeugungen mit der Kraft der Emotionen, ist die ausgesandte Energie ungleich größer. Sind wir aber traurig, deprimiert oder befinden wir uns gerade in einem energetischen Loch, können wir uns wünschen, was wir möchten: Die ausgesandte Kraft der eher tristen Emotionen, die über die Herzregion ausgesendet werden, wird immer wesentlich stärker sein als der Wunsch, den wir von unserem Verstand aus senden.

Die Propheten, Weisen und Weltenlehrer der jetzigen und vergangenen Zeit sagen immer und immer wieder, dass wir lernen sollen, »mit dem Herzen zu sehen«.

Mit dem Herzen können wir die Welt verändern.

Was alle spirituellen Meister dieser Welt uns bisher lehrten und was bereits in der Bibel verkündet wurde, und zwar, dass unser Glaube Berge versetzt, bekommt nun eine tiefere und vor allem wissenschaftliche Dimension.

»Wenn ihr Glauben habt und nicht zweifelt, dann werdet ihr nicht nur das vollbringen, was ich (Jesus ...) getan habe; selbst wenn ihr zu diesem Berg sagt: Heb dich empor und stürz dich ins Meer!, wird es geschehen. Und alles, was ihr im Gebet erbittet, werdet ihr erhalten, wenn ihr glaubt.«[4]

Nur der feste Glaube besitzt die Kraft, Neues in unserer Welt zu erschaffen.

**Das, was wir glauben, realisiert sich,
weil dies die stärkste – über die Herzregion ausgesandte –
messbare Energie besitzt.**

- Das Herz signalisiert dem Gehirn, welche Hormone, Endorphine oder anderen Chemikalien es im Körper erzeugen soll.
- Das Herz ist der stärkste Sender unseres Körpers. Es erzeugt die stärkste magnetische und elektrische Energie, die wir zur Verfügung haben.
- Die magnetischen und elektrischen Wellen, die vom Herzen kommen, werden durch unsere Gefühle und Überzeugungen geschaffen. Gleichgültig, ob diese Wellen positiv oder negativ sind: Sie werden mit ungeheurer Stärke in die Welt ausgestrahlt.

- Das Herz ist eine Art Vermittler, das unsere Überzeugungen in eine andere Sprache, in eine codierte Sprache der Wellen wandelt und mit ungeheurer Energie ausstrahlt.
- Das heißt nichts anderes, als dass unsere Überzeugungen ausgesendet werden und gemäß dem Gesetz der Resonanz nach einer gleichschwingenden Energie suchen.
- Gleiches zieht Gleiches an. Alles was mit unserer Energie resoniert, verwirklicht sich in unserem Leben. Das heißt kurz gesagt: Unsere Überzeugungen realisieren sich in unserem Leben.

Deswegen ist das Wichtigste beim Wünschen:

- Was immer du dir wünschst, bring es von der Verstandesebene in die Herzregion.
- Sollen unsere Wünsche in Erfüllung gehen, müssen wir stets von der Verwirklichung unserer Wünsche überzeugt sein.
- Sollen unsere Wünsche in Erfüllung gehen, sollten wir uns immer zuerst in eine glückliche Stimmung bringen.

Erst wenn wir unser Bewusstsein gezielt ausrichten, können wir in Resonanz mit den Dingen treten, die wir gerne in unserem Leben realisiert haben möchten.

In unserer Welt kann sich nur das verwirklichen, woran wir aus tiefstem Herzen glauben. Das gilt vor allem im Hinblick darauf, was wir *von uns selbst* glauben. Die Meinung, die wir über uns selbst haben, bestimmt unser Erleben. Dies bedeutet natürlich auch, dass wir erst dann die Kraft und die Macht besitzen, Dinge zu entwickeln, wenn wir verstehen lernen, dass alle Kraft und alle Macht aus unserem Inneren entspringt und nicht von außen auf uns zukommt. Die äußere Welt spiegelt also stets unser inneres Bewusstsein wider.

Wir müssen nicht lernen,
***wie** wir unsere Fähigkeiten*
und Gedanken einsetzen können,
sondern wir sollten lernen, zu akzeptieren,
***dass** wir dies können.*

Wie schaffen es unsere Überzeugungen, unsere Außenwelt zu verändern?

Man kann sich auf zwei Arten irren.
Man kann glauben, was nicht wahr ist,
oder man kann sich weigern, zu glauben,
was wahr ist.
SÖREN KIERKEGAARD

Wir sind mit dem Bewusstsein aufgewachsen, dass wir von den anderen getrennt sind. Dies erzeugte zwangsläufig ein Gefühl von Isolation und Einsamkeit. Wir schienen den Dingen und Ereignissen »zufällig« ausgeliefert. Es gab uns – und den Rest der Welt. Dieses Weltbild wurde so selbstverständlich, dass wir es nicht hinterfragten – obwohl es uns dabei emotional nicht gut ging. Mit Sicherheit verlief daher unser Leben oft genug genau so, dass wir uns in dieser Meinung bestätigt sahen.

Nun haben sich in den letzten Jahren die Erkenntnisse der modernen Wissenschaft aber vollständig gewandelt. Heute wissen wir, dass genau das Gegenteil der Fall ist. Wir sind *nicht* voneinander getrennt! Alles ist mit allem verbunden und beeinflusst sich gegenseitig. Da diese Erkenntnis für die Bündelung unserer Wunschenergie so wesentlich ist, möchte ich kurz darauf eingehen.

Begonnen hat der Wandel 1995 mit Untersuchungen an der russischen Akademie der Wissenschaften unter Leitung von Vladimir Poponin und Peter Gariaev. Die Ergebnisse ihrer Experimente zeigten etwas sehr Erstaunliches und waren so überraschend, dass sie in den USA wiederholt und schließlich auch dort veröffentlicht wurden.
Vladimir Poponin und Peter Gariaev wollten anhand von Lichtteilchen – sogenannten Photonen – das Verhalten der DNA untersuchen. In dieser Versuchsreihe entfernten sie aus einer Röhre alle Luft, um ein Vakuum zu erzeugen. Inzwischen weiß man, dass selbst in einem Vakuum niemals absolute Leere herrscht. In jedem Raum verbleiben Photonen (Lichtenergie), die man mit speziellen Instrumenten relativ genau messen kann. So war es auch bei diesem Experiment. Anfangs verlief alles wie erwartet. Die Photonen verteilten sich im Vakuum der Röhre in ziemlich ungeordneter Weise.
Im nächsten Schritt gab man nun eine Probe menschlicher DNA in die Röhre. Und nun geschah etwas vollkommen Überraschendes: Die Teilchen ordneten sich in Anwesenheit der DNA anders an. Die DNA hatte einen direkten Einfluss auf die Photonen. Sie formte, wie durch eine unsichtbare Kraft, die Photonen in der Röhre zu regelmäßigen Mustern. Damit war klar:

Die menschliche DNA hat eine direkte Wirkung auf die physische Welt.

In der konventionellen Physik war so etwas bisher nie beobachtet worden. Mehr noch: Im herkömmlichen Verständnis der konventionellen Physik ist so etwas überhaupt nicht vorgesehen.

Die Photonen taten also etwas, für das man zunächst keine Erklärung besaß.

Eigentlich wäre dies schon aufregend genug. Aber was nun folgte, war schlichtweg revolutionär ... Als man die DNA wieder aus der Röhre entnahm, ging man davon aus, dass die entstandene Ordnung der Photonen sich wieder auflösen würde und sie zu einer ungeordneten Verteilung im Raum zurückkehren würden. Das Gegenteil war der Fall! Die Photonen verhielten sich so, als wäre die DNA noch immer anwesend, und verblieben in ihrer geordneten Verteilung.
Man wiederholte die Versuche mehrmals, überprüfte die Instrumente und ging auf Nummer sicher, dass man nichts von der DNA in der Röhre hinterlassen hatte. Aber sooft man die Versuche auch wiederholte, am Ende ließen die Experimente nur eine Schlussfolgerung zu: Die Photonen und die DNA waren noch immer miteinander verbunden, obwohl man sie physisch voneinander entfernt hatte. Sie schienen über ein Feld miteinander verbunden zu sein, welches die Quantenphysik »Quantenfeld« nennt. Der »leere Raum« ist gar nicht so leer, sondern ein Feld, in dem sich Milliarden von Informationen in Wellen ausbreiten und bewegen.
Dieses Experiment ist für das Verständnis des Resonanzgesetzes sehr aufschlussreich. Die Versuchsreihe stützt und untermauert die Theorie, dass es ein Quantenfeld gibt, das alles mit allem verbindet. Das Besondere an dem eben beschriebenen Versuch ist die Tatsache, dass diese Energie erstmals nachweislich zu erkennen war.
Es gibt für dieses Energiefeld, das alles mit allem verbindet, be-

reits seit Langem mehrere Namen, je nach dem Wissenschaftler, der diese Energieform entdeckte: Quantenfeld, göttliche Matrix, Urgrund, das Feld oder Quantenhologramm. Das Besondere an diesem energetischen Feld ist, dass es keiner uns bisher bekannten Energieform gleicht.

**Dieses energetische Feld,
das wie ein dicht gewobenes Netz zu funktionieren scheint,
stellt eine Art Brücke zwischen den inneren
und äußeren Welten dar.**

So wie Schallwellen die Luft als Träger benutzen, benötigt unsere ausgesandte Energie von Überzeugungen und Gedanken ebenfalls ein Medium, um in die Welt getragen zu werden, und dafür dient ihr dieses Quantenfeld.

**Dieses Energiefeld ermöglicht es uns,
mit allem und jedem in Verbindung zu sein –
bewusst oder unbewusst.**

Dabei spielt es keine Rolle, wie weit der »Empfänger« von uns entfernt ist – sei es unser Nachbar oder ein Mensch, der sich vielleicht auf der anderen Seite der Welt aufhält. Das aufgebaute und ausgesandte Resonanzfeld findet immer den Richtigen – auch wenn er selber es noch gar nicht weiß.

So hat es zum Beispiel Sabine gemacht. Sie hat sich durch ihre Wunschenergie mit ihrem künftigen Partner energetisch in Verbindung gesetzt, obwohl er noch völlig ahnungslos war:

Hallo Pierre,
ich war im Juni dieses Jahres bei Deinem Seminar in Frankfurt, und was seitdem geschehen ist, lässt sich kaum in Worte fassen. Die Erfüllung vieler formulierter Wünsche reihte sich fast nahtlos aneinander. Nur der Wunsch, der mir am meisten am Herzen lag, nämlich noch einmal einen Partner fürs Leben zu finden, stieß anscheinend auf keine Resonanz. So entschloss ich mich gemäß Deinen Ratschlägen, erst einmal mit mir und dem, was ich bereits habe, glücklich und vor allem dankbar zu sein.
Anfang August fuhr ich mit meinen beiden Kindern in den Urlaub. Auch hier wiederholte sich das Phänomen: Selbst schon fast vergessene Wünsche erfüllten sich; zudem zog ich nur nette und teilweise auch für mein Geschäft sehr interessante Leute an. Lediglich »der Mann« ließ nach wie vor auf sich warten.
Also entschied ich, einen kleinen Turbogang in Sachen Affirmationen einzulegen. Jeden Morgen gab's eine halbe Stunde geballte Glaubenssätze auf dem Crosstrainer.
Und plötzlich stand »er« vor mir. Als ich gerade in der Disco auf dem Weg zur Bar war, rannte er mich fast um, nur um mir klarzumachen, er müsse mich jetzt unbedingt sofort kennenlernen. Dazu habe er sich zwar etwas Mut antrinken müssen, aber schließlich habe er schon seit Tagen auf eine Gelegenheit gewartet, mich endlich ansprechen zu können. Allerdings wisse er gar nicht, warum er mich anspricht, aber er könne nicht anders, »irgendetwas« treibe ihn dazu.
Diese Anmache war so daneben, dass sie schon wieder etwas hatte, und eine unglaubliche Anziehung war vom ersten Moment an da. Es stellte sich heraus, dass dieser Mann sämtliche Wünsche meiner Wunschliste erfüllt und wir so viele Gemeinsamkeiten haben, dass

es schon beinahe unheimlich ist. Mittlerweile können wir uns nicht mehr vorstellen, wie das Leben ohne einander war.
Zudem scheint die Bereitschaft, sich gemeinsam weiterzuentwickeln, bei ihm und mir vorhanden zu sein. Diesen Wunsch hatte ich – dank Dir – nach Deinem Seminar noch nachträglich der Wunschliste hinzugefügt.
Ich habe so lange auf die Erfüllung dieses Herzenswunsches gewartet. Und nun ist »er« einfach da.
Wir sehen uns bald wieder auf einem Deiner Seminare, aber diesmal bringe ich noch jemanden mit …
Ganz liebe Grüße
Sabine

Warum noch länger auf die Erfüllung seiner Herzenswünsche warten, wenn man sich energetisch ganz klar und aktiv mit seinen Zielen verbinden kann?
Sabine begann *einfach,* ihrer eigenen Gedankenkraft zu vertrauen, und hielt unbeirrt ihre Überzeugung im Herzen aufrecht. Durch das Quantenfeld können wir sofort mit allem und jedem in Verbindung treten. Wir müssen es nur tun.

Das Gesetz der Resonanz sagt immer »Ja«.
Es bestätigt dich immer in deinem Glauben.
Es widerspricht dir nicht.

Glaubst du zum Beispiel,
dass dein Leben nichts ausmacht
oder keinen tieferen Sinn besitzt,
wirst du genau dies bestätigt bekommen.

Glaubst du, dass dir eine tiefe,
wahrhaftige Liebesbeziehung zusteht,
Geld, innerer und äußerer Reichtum,
glaubst du, dass dein Leben eine tiefe,
allumfassende Sinnhaftigkeit besitzt,
wird sich genau dies in deinem Leben bestätigen.
Dem Gesetz der Resonanz folgend,
kann sich nichts anderes in deinem Leben verwirklichen.

Der Energie ist es grundsätzlich gleichgültig,
ob es moralisch hochwertig oder gar verwerflich ist,
ob es dir nützlich ist
oder dich in deinem Leben eher behindert.

Die Energie fragt nicht nach Moral
und bewertet nicht.
Energie reagiert fortwährend nach deinen
ausgesandten Impulsen.

Können wir durch Gedankenkraft auf unsere Zellen einwirken?

Tatsachen schafft man nicht dadurch aus der Welt,
dass man sie ignoriert.
ALDOUS HUXLEY

Wir wissen längst, dass unsere Gefühle eine sehr starke Wirkung auf unseren Körper haben. Dies ist auch in der Wissenschaft und Schulmedizin ausreichend dokumentiert. Die DNA jedoch, so war die bisherige Auffassung, ist unveränderbar. Aber stimmt das wirklich?

Das HeartMath Institute erforschte in den Jahren 1992 bis 1995 die Auswirkungen von reinen Gefühlen auf unsere DNA. Die Wissenschaftler Glen Rein und Rollin McCraty nahmen dazu Untersuchungen an menschlicher DNA vor. Zunächst wurde sie für diesen Versuch in einem Becherglas isoliert. Anschließend wurde sie starken, kraftvollen Emotionen ausgesetzt. Um dies zu erreichen, wandten die Testpersonen verschiedene geistige und emotionale Techniken an, wie die Beruhigung des Geistes, Konzentration auf positive Gefühle und Fokussierung auf den Bereich des Herzens.
Die Ergebnisse waren absolut beeindruckend und nicht zu ignorieren. Obwohl alle Wissenschaftler eine Wirkung auf die DNA bezweifelten, konnten sie etwas beobachten, das es nach

den bisherigen physikalischen Gesetzen gar nicht geben durfte: Während der Proband seine starken Gefühle aussendete, konnten eindeutige elektrische Reaktionen gemessen werden. Die Testpersonen beeinflussten allein durch ihre *Emotionen* die DNA-Moleküle im Becherglas.

Menschliche Gefühle beeinflussen die Form der DNA.

Für unseren Verstand ist das schwer fassbar. Nach dem bisherigen Wissensstand wurde uns beigebracht, dass die DNA unveränderbar sei: Wir werden mit ihr geboren und nichts – außer schweren, massiven Eingriffen – könne sie beeinflussen oder gar verändern, weder im Körper noch weit entfernt davon. Und nun musste man feststellen, dass die DNA durchaus veränderbar ist und sogar auf sehr subtile energetische Schwingungen reagiert!

In seinen Versuchsreihen ging das HeartMath Institute noch einen Schritt weiter und untersuchte die Reaktionen von menschlichen Plazenta-DNA. Dies ist die reinste Form der DNA.
Dazu wurden 28 Plazenta-DNA in Glasbehälter verteilt und jeweils eines an 28 ausgebildete Forscher übergeben, die darauf trainiert waren, starke Gefühle entstehen zu lassen.[5]
Auch in diesem Test wurde nachgewiesen, dass die DNA ihre Form entsprechend den Gefühlen des jeweiligen Forschers veränderte: Fühlte der Forscher Anerkennung, Liebe oder Dankbarkeit, antwortete die DNA mit Entspannung; die Strings öffneten sich, das heißt, die DNA-Strings wurden länger. Wenn die Forscher dagegen Gefühle von Frust, Angst, Ärger oder Stress entwickelten, wurde die DNA kürzer und schaltete sogar

viele ihrer Codes ab! Sie reagierte auf die negativen Gefühle, indem sie sich zusammenzog.

Nun verstehen wir auch, warum negative Gefühle uns von der restlichen Welt einfach *abschalten* können. Wenn wir wütend oder schlecht gelaunt sind, fühlen wir uns isoliert und vom Lebensfluss abgeschnitten. Das sind wir auch in der Tat. Allerdings schneiden wir uns selber ab!
Dieses Ausschalten der DNA-Codes konnte sofort beendet werden, wenn von den Forschern wieder Gefühle der Freude, Anerkennung, Dankbarkeit und Liebe empfunden wurden. Auf diese Weise wurden die Codes – wie beim Einschalten einer Lampe – einfach wieder *eingeschaltet.*

Die Veränderungen, die an der DNA gemessen wurden, waren übrigens wesentlich größer und umfangreicher, als es beispielsweise Elektromagneten bewirken könnten.

Menschen, die in tiefer Liebe geübt sind, können die Form ihrer DNA verändern.

Anschließend setzte man die Versuche mit HIV-Patienten fort und fand heraus, dass Gefühle von Anerkennung, Dankbarkeit und Liebe 300 000-mal mehr Widerstandskräfte entfalteten, als wenn die jeweilige Person keinen Zugang zu diesen Gefühlen hatte.
Man kann vermuten, dass hier ein Schlüssel zur Gesundheit liegt. Es scheint durchaus ratsam, sich stets in Gefühlen von Freude, Liebe, Dankbarkeit und Anerkennung zu üben, denn

dadurch können wir unsere Abwehrkräfte mit 300 000-facher Stärke erhöhen.
Wir könnten wohl einige Krankheiten verhindern, wenn wir in positiven Gefühlen blieben, weil sie uns ein starkes Immunsystem erschaffen.

Aber können wir nicht sogar noch mehr? Können wir vielleicht sogar zurück zu unserer Gesundheit finden? Dafür gibt es jedenfalls unzählige Erfolgsgeschichten – wie diejenige von Sandra:

Lieber Pierre,
bei mir hat das Wünschen schon in vielerlei Hinsicht geklappt. Hier ein Beispiel in Sachen Gesundheit:
Ich litt an einer Essstörung, genannt Bulimie. Ich fühlte mich gezwungen, unendlich viel Nahrung in mich hineinzustopfen und anschließend wieder zu erbrechen, damit ich nicht zunahm. Ich führte fast 5 Jahre lang ein Doppelleben, keiner wusste davon. Nach außen tat ich, als ginge es mir gut, aber ich schämte mich sehr.
Eines Tages empfahl mir jemand ein Buch über positives Denken, was ja nichts anderes ist als »Erfolgreich wünschen«. Ich war sofort begeistert, weil ich vorher schon ahnte, dass ich die Einzige war, die diese Situation ändern könnte. Also begann ich mit positiven Affirmationen und Autosuggestion. Nebenbei stellte ich mir immer wieder vor, wie ich rank, schlank und gesund Komplimente meiner Mitmenschen über meine positive Ausstrahlung und für meine gute Figur erhielt. Es dauerte eine Weile, aber das war für mich der einzige Weg zum Erfolg. Mein Leben änderte sich von Grund auf. Alles kam, wie es kommen sollte.

Zunächst einmal musste ich mich an regelmäßiges Essen ohne Erbrechen gewöhnen. Gelang am Anfang nicht so gut, bis ich endgültig meine Waage aus meinem Leben verbannte. Aber dann verlor ich in nicht mal einem Jahr 10 Kilogramm Körpergewicht, und zwar dauerhaft. Noch heute habe ich mein Wunschgewicht von ca. 60 Kilo, denn ich kann essen, was ich will, ohne zuzunehmen. Somit gehört die Bulimie komplett der Vergangenheit an (und das ohne jede fremde Hilfe), und nebenbei erhielt ich auch noch mein Wunschgewicht.
Liebe Grüße
Sandra

Auch in meinem Leben gibt es Erfahrungen mit meinen Selbstheilungskräften, die auf diese Weise – glaubt man den klassischen Schulmedizinern – gar nicht hätten stattfinden dürfen:
Ich war gerade 20 Jahre alt und litt unter starken Rückenschmerzen. Ich wurde gleich zu einer Koryphäe auf diesem Gebiet geschickt.
Die Diagnose nach seiner ersten Untersuchung war vernichtend: Ich litt unter Morbus Bechterew, einer chronisch-entzündlichen Krankheit der Wirbelsäule. In wenigen Jahren würde sich mein Rücken vollständig versteifen. Es gab keinen Zweifel, alle Laborwerte sprachen dafür.
Man vereinbarte, eine Woche später, wenn sich der erste Schock gelegt hätte, die weiteren therapeutischen Schritte zu besprechen. Es war klar: Diese Krankheit war unheilbar, ein Leben als Schauspieler nicht länger möglich. Innerhalb kurzer Zeit würde die Wirbelsäule so versteifen, als wäre sie ein einziger Knochen. Nicht nur das. Gleichzeitig würde sich der

Rücken verkrümmen, sodass ich nur noch auf den Boden sehen könnte.

Eine Woche verging – eine der schwersten Wochen meines Lebens. Damals wusste ich noch nichts von *Erfolgreich wünschen* oder von Quantenphysik; ich wusste nicht, dass man durch Gedankenkraft sogar die DNA verändern kann; ich wusste nur eins: *»Ich bin gesund. Mein Rücken ist wundervoll. Ich liebe meinen Rücken. Ich bin kraftvoll und stark. Ich bin lebendig und beweglich.«*

Ich buchte Tennistrainingsstunden für ein Jahr voraus, nicht weil ich verzweifelt war, sondern weil ich mich so freute, aufgerüttelt worden zu sein; weil ich wusste, wie schön es ist, gesund zu sein. Für mich gab es keinen Zweifel: Mein Leben begann jetzt! Ich lachte über den kosmischen Witz, ich bedankte mich für den warnenden Hinweis, ich war aufgewacht und spürte mich, spürte das Leben in mir und war gesund. Ich bin und war gesund. Ich konzentrierte mich Tag und Nacht, jede einzelne Minute, jede noch so kurze Sekunde auf das Wunder, das sich in mir offenbarte. Sehr zur Verwunderung meiner Umgebung. Keiner konnte sich meine gute Laune erklären, mein Glücklichsein, meine Liebe zu allem und jedem. Ich tanzte, ich sang, ich war verbunden, ich war *eins.* Ich war voller Dankbarkeit und Anerkennung für mein bisheriges Leben.

Der Arzttermin kam, weitere Untersuchungen, weitere Labortests. Der Arzt wunderte sich über seinen lächelnden und gut gelaunten Patienten – und dann platzte die Bombe. Unerklärlich. Unfassbar. Noch nie da gewesen. Eine Verwechslung ausgeschlossen. Und dennoch stand ein stotternder Arzt vor mir. Die rheumatische Entzündung, die Wirbelsäule, das angegriffene Kreuzbein-Darmbeingelenk, es war doch so eindeutig, und nun ... Wir müssen das noch einmal untersuchen. Aber auch drei Tage später hatte der Arzt, die Koryphäe unter den Ärzten, keine Erklärung dafür. Verschwunden. Weg. Nichts mehr zu sehen, nichts mehr nachzuweisen. Die Blutsenkungsgeschwindigkeit völlig normal, kein HLA-B27, keine Spondylitis, es tue ihm leid, nein, er sei natürlich glücklich, aber ...

Ich glaubte fast, es wäre ihm lieber gewesen, alles hätte seinen normalen schrecklichen Verlauf genommen, damit *sein* Leben weiterhin in geregelten Bahnen verlief. Aber so, ein Händedrücken, ein ungläubiges Kopfschütteln. Ich weiß noch, wie ich ihn tröstend in den Arm nahm, ihm zusicherte, er habe alles richtig gemacht; wie ich die Arzthelferin küsste und dann mit dem Tennisspielen begann.

Heute weiß ich, was damals geschehen ist. Heute bin ich zutiefst berührt: von dem Geschenk meiner selbst und von der Kraft meiner eigenen Gedanken.

Woher ich damals diese Sicherheit genommen habe? Ich weiß es nicht. Aber rückblickend erkenne ich, dass ich aus diesem Ereignis unglaublich viel Selbstsicherheit gewonnen habe, die bis heute blieb.

Diese Erfahrung von damals und weitere Erlebnisse haben mich gelehrt, dass wir unsere Gesundheit selbst in der Hand haben – mehr, als wir ahnen. Dies ist meine feste Überzeugung.

Und was glaubst du?
Dein Glaube ist die alles entscheidende Kraft.
Entscheide dich und richte dein Leben danach aus.

Die stärkste Energie,
die wir zur Verfügung haben, ist:

die Liebe.

»Verliebe« dich in deine Wünsche!
Das erzeugt die größtmögliche positive Energie.

Können wir durch Gedankenkraft auf eine DNA einwirken, die weit entfernt ist?

Probleme kann man niemals mit derselben Denkweise lösen, durch die sie entstanden sind.
ALBERT EINSTEIN

Die Erkenntnis, dass wir durch reine Gedankenkraft unsere DNA verändern können, hat das Grundverständnis von so manchem Wissenschaftler tief erschüttert. Sollte die Welt doch anders aufgebaut sein und anders funktionieren, als man bisher gedacht hatte?

Im folgenden Versuch, mit dem wir uns nun beschäftigen, ging man noch einen wesentlichen Schritt weiter. Im Auftrag der US Army untersuchten Wissenschaftler Anfang der 1990er-Jahre, ob unsere Gefühle auch dann noch einen Einfluss auf lebendige Zellen haben, wenn sie sich ganz woanders befinden – weit weg vom Körper.
Eigentlich bezweifelte man dies, denn nach dem bisherigen physikalischen Verständnis war es einfach nicht möglich. Man glaubte also nicht, dass zum Beispiel Organe oder Knochen, Haut oder Gewebe weiterhin mit der Person, der sie entnommen wurden, in Verbindung sein könnten.
1993 erschien jedoch in der Zeitschrift «Advances« ein Artikel, in dem von Experimenten der Armee berichtet wurde.

Dort wurde untersucht, ob sich eine solche Verbindung zwischen DNA und den Gefühlen der Probanden nachweisen ließ: Man entnahm aus dem Mund Gewebeproben und DNA; diese wurden isoliert und in andere Teile des Gebäudes gebracht. Mit eigens dafür entwickelten Geräten wollte man nun überprüfen, ob die DNA auf die Gefühle der jeweiligen Spender eine Reaktion zeigen würde, auch wenn sich diese weit entfernt von ihr aufhielten.

Um bei den Probanden Gefühle zu entwickeln, zeigte man ihnen zum einen erotische Fotos, aber ebenso Kriegsszenen, komödiantische Situationen und Gewaltaktionen. Man deckte die ganze Bandbreite an Gefühlen ab, um die Teilnehmer in ihre emotionalen Hochs und Tiefs zu schicken.

Obwohl auch diesmal die Mehrzahl der Wissenschaftler eine Wirkung auf die DNA bezweifelte, mussten sie erneut etwas beobachten, das es nach den bisherigen physikalischen Gesetzen gar nicht geben durfte. Während der Proband seine Gefühle durchlebte, konnten die Wissenschaftler eindeutig elektrische Reaktionen messen. Die DNA verhielt sich gerade so, als wäre sie noch immer im Körper des betreffenden Spenders.

Gregg Braden schreibt in seinem Buch »Im Einklang mit der göttlichen Matrix«, dass diese Versuche von Dr. Backster anschließend noch ausgeweitet wurden und man die Entfernungen von Spender und DNA ausdehnte. Bei einem dieser Experimente betrug die Distanz sogar 350 Meilen.

Anhand einer Atomuhr maß man diesmal sogar die zeitliche Verzögerung zwischen dem Aussenden von Gefühlen und der Reaktion der DNA und stellte fest, dass die Reaktion stets *gleich-*

zeitig erfolgte! Ja, wirklich zur gleichen Zeit. Es gab nicht den Hauch einer Verzögerung. Die Reaktion war genauso schnell, als würde sich die DNA noch im Körper des Spenders befinden.

Was immer wir fühlen, denken oder wovon wir überzeugt sind, wird in der gleichen Millionstel Sekunde von unserer DNA aufgefangen.

Es ist gleichgültig, ob sich die resonierende DNA direkt neben uns oder aber auf der anderen Seite der Erde befindet.
Inzwischen ist man davon überzeugt, dass dieses bereits erwähnte Energiefeld – die Matrix, das Quantenfeld – dafür verantwortlich ist, alle unsere Gefühle und Gedanken zu übertragen. Und zwar nicht nur mit Lichtgeschwindigkeit, sondern wesentlich schneller!

Dr. Jeffrey Thompson, der an den Versuchen ebenfalls beteiligt gewesen war, formuliert die Erkenntnis so:

Es gibt keinen Punkt mehr, an dem ein Körper endet, und keinen, wo er anfängt.

In diesem Zusammenhang machte das Pavlow-Institute of Psychology in Moskau einen weiteren sehr interessanten Versuch, der die Erkenntnisse der Kollegen aus den USA bestätigte: Man nahm einer jungen Rattenmutter ihre sechs Jungen weg und brachte sie an sechs verschiedene Orte dieser Erde. Dann erzeugte man bei der Mutter Gefühle von Panik, Angst oder

Freude. Und auch hier musste man feststellen, dass ihre Jungen, obwohl sie sich an völlig verschiedenen Orten der Welt aufhielten, zeitgleich auf die Gefühle ihrer Mutter reagierten.

Für die Wissenschaft sind diese Erkenntnisse Meilensteine auf dem Weg in eine neue Dimension und zu einem neuen Verständnis vom Aufbau und Wirken der menschlichen Zellen. Für mich ist dies eine weitere Erklärung, warum *Erfolgreich wünschen* so wunderbar funktioniert.

Zu Beginn des Buches haben wir erfahren, dass die DNA eine starke Wirkung auf ihre Umwelt hat und diese Wirkung ebenfalls einen nachhaltigen und bleibenden Eindruck hinterlässt.
Die letzten beiden Kapitel haben uns nun gezeigt, dass *wir* durch unsere Gedankenkraft und unsere Gefühle einen Einfluss auf unsere DNA haben.
Das ist natürlich fantastisch. Denn wenn wir Einfluss auf unsere DNA haben und sie sich durch das Quantenfeld mit allem auf dieser Welt verbinden kann und dabei weder Zeit noch Entfernungen eine Rolle spielen, können wir durch das Gesetz der Resonanz alles in unser Leben holen, was wir gerne möchten. Genau genommen tun wir das bereits.

Alles was wir in unserer Innenwelt bereits besitzen, wird uns auch in der äußeren Welt begegnen.

Was uns in der Außenwelt begegnet, hat einen Ursprung – und dieser Ursprung ist in unseren Gedanken zu finden. Wollen wir zu Ergebnissen kommen, die wir uns wünschen, sollten wir beginnen, unsere Gedanken zu beobachten und zu kontrollieren, denn alles was wir denken, ruft ein Resonanzfeld hervor.

- Alles was wir lang anhaltend und oft denken, fühlen oder sagen, intensiviert unser Resonanzfeld. Daher verstärkt jeder Gedanke an Verlust den weiteren Verlust und jede Überzeugung hinsichtlich Gewinn den weiteren Gewinn. Daher lässt sich alles, was wir in der Außenwelt verändern wollen, nur durch unsere Denkweise verändern.
- Erinnere dich an deine dir innewohnende Schöpferkraft und nutze sie bewusst zu deinem Wohl. Und zum Wohl aller!

Sabines Geschichte ist ein gutes Beispiel dafür, wie kraftvoll unsere Wunschgedanken auf andere wirken können, solange wir in unserer Liebesenergie bleiben.

Hallo, lieber Pierre,
es ist so unglaublich, was mir schon alles mit dem Wünschen passiert ist.
Jannik, unser Sohn, ist ein sehr lebendiger, kleiner Wildfang von 3 Jahren. Anfang des Jahres muss er »im Eifer des Gefechts« einen Sturz erlitten haben, bei dem er sich die Oberlippe aufschlug. Er hat geblutet, ich habe ihn, wie es sich für eine Mama gehört, »verarztet« und sichergestellt, dass er sich nicht ernsthaft wehgetan hat. Jede Mama kennt solche Situationen. Jannik beruhigte sich schnell, und die Wunde hörte gleich auf zu bluten. Deshalb war für mich klar, dass es ihm wieder gut ging.
Wochen später bemerkte ich, dass sein linker Frontzahn deutlich dunkler war als der Rest seiner strahlend weißen Milchzähnchen.

Ich vereinbarte einen Termin bei unserem Zahnarzt. Er untersuchte den Kleinen, machte sogar ein Röntgenbild und fragte mich, ob Jannik irgendwann in den letzten Wochen auf die Lippe gestürzt sei. Mir fiel sofort Janniks kleiner Unfall ein. Der Doktor erklärte mir, dass laut Röntgenbild der Nerv, der den Zahn »versorgte«, wohl bei diesem Sturz durchtrennt wurde. Der Zahn würde nun immer dunkler. Ich solle mir aber keine Sorgen machen, denn sobald die »bleibenden« Zähne kämen, werde dieser neue Zahn wieder ganz normal weiß nachwachsen.
Allerdings sollte das noch einige Jahre dauern, denn wie jeder weiß, kommen die ersten »bleibenden« Zähne erst im Alter von 5 oder 6 Jahren. Mir dauerte das aber zu lange! Also fing ich an zu wünschen ... Ich wünschte mir, dass sich die Färbung des Zahns wieder in strahlendes Weiß »zurückverwandelt«. Für jeden, der sich nach wie vor von seinem Verstand leiten lässt, ein Unding!
Doch man konnte es genau beobachten: Woche für Woche sah man deutliche Veränderungen. Der Zahn bekam tatsächlich seine ursprüngliche »Farbe« zurück! Nach rund vier Wochen war der Zahn wieder vollständig weiß. Ich rief sogar den Zahnarzt an, um zu fragen, ob er in seiner langen Praxiserfahrung einen solchen Fall schon je erlebt habe. Er konnte es selbst nicht glauben. Für ihn war es unerklärlich.
Heute, sechs Monate nach dem Sturz, erkennt man keinen Unterschied: Der vorher dunkle Zahn ist genauso weiß wie alle anderen.
Sabine

Wie finden unsere Wünsche ihr Ziel?

Kluge Menschen suchen sich
die Erfahrungen selbst aus,
die sie zu machen wünschen.
ALDOUS HUXLEY

Wie kommen alle unsere Wünsche und Sehnsüchte dort an, wohin sie sollen? Und wie kommt dann das Gewünschte zu uns zurück? Woher wissen die Empfänger unserer Wünsche überhaupt, wie sie uns finden können? Welcher Teil unseres Körpers empfängt die Informationen und leitet sie an unser Bewusstsein weiter? Wie können wir dieses neue Bewusstsein in unseren Alltag integrieren?

Bei den Antworten auf diese Fragen spielt zum größten Teil unsere DNA eine Rolle. Sie ist Träger unseres genetischen Codes. Seit der Entdeckung der DNA glaubte man – so habe auch ich es noch in der Schule gelernt –, dass die DNA ausschließlich damit beschäftigt sei, mithilfe der genetischen Codes im Innern der Zelle Eiweißkörper herzustellen.

Das Erstaunliche ist aber nun, dass fast 90 Prozent der DNA überhaupt nicht zur Eiweißsynthese benötigt wird, sondern ... – und jetzt kommt's! – im Wesentlichen zur *Kommunikation* benutzt wird. Dies haben die russischen Wissenschaftler Vladimir Poponin und Peter Gariaev bewiesen: Die DNA kann bedeutend mehr, als man bisher angenommen hatte.

Die DNA kommuniziert mit ihrem Umfeld.

Poponin und Gariaev zeigten, dass die DNA geradezu dafür prädestiniert ist, als Sender und Empfänger zu arbeiten.
Und wie gut sie dies kann, haben diese beiden russischen Wissenschaftler nachgewiesen. Unsere DNA kommuniziert, und zwar nicht nur mit uns, sondern mit der DNA anderer Menschen. Inzwischen weiß man sogar, dass unsere DNA in der Lage ist, mit allem, was ist, eine Verbindung aufzunehmen.

Und hier kommen wir zu einer weiteren, sehr erstaunlichen Entdeckung der Wissenschaft:
Die Kommunikation unserer DNA mit der DNA anderer Menschen und Lebewesen erfolgt völlig anders, als wir es bisher kannten. Sie erfolgt außerhalb von Raum und Zeit in einer höheren Dimension. Man hat dafür den Begriff *Hyperraum* eingeführt.
Das Erstaunlichste an diesem besonderen Austausch von Informationen ist, dass er offenbar keinerlei Beschränkungen unterliegt. Weder Entfernungen noch Zeit stellen ein Problem für einen reibungslosen Informationsaustausch dar. Es gibt nicht einmal den Hauch einer zeitlichen Verzögerung. Selbst mit Atomuhren konnte keine Verzögerung gemessen werden.
Die DNA nutzt dafür ganz besondere energetische Kanäle, sogenannte *Wurmlöcher* in diesem Hyperraum. Albert Einstein und Nathan Rosen beschrieben dieses Gebilde als Erste, und zwar bereits 1935. Den Begriff wählte man, um zu kennzeichnen, wie zwei Seiten desselben Raumes durch einen Tunnel verbunden werden.

Dank der Nutzung von Wurmlöchern spielt es keine Rolle, wie weit der betreffende Mensch, der sich mit uns in Resonanz befindet, entfernt ist. Er kann neben uns im Bett liegen oder auf der anderen Erdhalbkugel leben. Er kann schlafen oder wach sein. Alle Informationen, die wir aussenden, werden im Hyperraum durch einen energetischen Tunnel geschickt und kommen zeitgleich am Ziel an, um von der dortigen DNA empfangen und verarbeitet zu werden.
Nur nebenbei sei erwähnt, dass diese aufgenommene Energie von der DNA nicht nur empfangen, sondern auch gespeichert wird. Die DNA dient also außerdem als Informationsspeicher. Genau genommen haben wir eine riesige Datenbank in unserem Körper.

Wie findet uns die »Wunscherfüllung«?

Nun gilt es nur noch die Frage zu klären, wie die Energie, die mit uns in Resonanz tritt, uns überhaupt finden kann – schließlich gibt es Milliarden von verschiedenen DNA. Und alle von ihnen senden und empfangen. Wie kann der Kosmos unsere Wünsche, vielmehr das Gewünschte zielsicher an uns übergeben?
Zum einen sind wir ständig »auf Sendung«. Wir programmieren unser Resonanzfeld ununterbrochen mit unseren Gedanken – positiven oder negativen. Solange wir unsere Wünsche und Visionen aufrechterhalten – oder aber eben unsere Ängste und Befürchtungen –, zieht unser Resonanzfeld Gleichschwingendes an.
Zum anderen aber besitzt jeder von uns einen genetischen *Namen = Code*. Von diesem Code haben wir im Zusammen-

hang mit der Kriminaltechnik und den Vaterschaftstests schon gehört. Die DNA jedes Einzelnen ist ebenso einzigartig wie der Fingerabdruck. Unverwechselbar hinterlässt sie einen *genetischen* Fingerabdruck. Ganz ähnlich verhält es sich energetisch: Der *energetische* Fingerabdruck unserer DNA gibt eine klare und eindeutige Adresse an.

Die Schwingung ist so präzise, dass sie *immer* die passende Lösung für uns findet, wie das Beispiel von Anka zeigt. Wer mein Buch »Wünsch es dir einfach – aber richtig« kennt, hat die erstaunliche Geschichte von Anka gelesen und wie sie ihren kleinen Sohn wieder vollkommen gesund gewünscht hat. Hier ist eine weitere – ebenso erstaunliche – Geschichte von ihr.

Lieber Pierre,
erst mal herzlichen Dank für die zwei Ausgaben von »Wünsch es dir einfach – aber richtig«.[6] *Abschließend zu meiner damaligen Geschichte kann ich Dir berichten, dass mein Sohn heute kerngesund ist und dass keine Spur einer Neurodermitis mehr zu sehen ist.*

Ich kam sehr bedrückt aus dem Urlaub zurück. Wir sind einige Wochen mit dem Wohnmobil durch Italien gereist. Gegen Ende des Urlaubs wurden wir im Schlaf ausgeraubt: Geld, Papiere etc. – alles weg.
Als wir den Überfall morgens bemerkten, waren wir fassungslos. Mein Mann raste vor Wut, und ich war wie gelähmt, weil ich es einfach nicht glauben konnte. Ich wurde noch nie bestohlen!
Auf dem Stellplatz erfuhren wir von den anderen Urlaubern, dass wir offenbar die Einzigen waren, die ausgeraubt worden waren.

Die Frage nach dem WARUM wurde immer größer. Merkwürdigerweise stand meine Handtasche mit meinem Handy und etwas Bargeld gut griffbereit, aber ganz unberührt im Babysitz.
Ich wünschte mir, dass alles gut wird. Das Glück nahm seinen Lauf.
Mit unserem riesigen Wohnmobil fuhren wir bis zur Polizeistation – Parkplatz ausgeschlossen! Freundlicherweise reservierte man etwas später extra für uns einen Platz direkt vor der Eingangstür und wir konnten in Ruhe noch einen Kaffee trinken.
Obwohl die Station brechend voll war, ließ man uns mit unserem kleinen Sohn den Vortritt. Der Beamte machte uns keine Hoffnung, wieder an unsere Wertgegenstände zu kommen. Als er uns fragte, ob wir betäubt wurden, war mir klar, welches Glück wir hatten. Ein Betäubungsgas hätte schlimme Folgen für unseren damals 9 Monate alten Sohn haben können.
Einen Abend zuvor hatten wir von Freunden eine SMS erhalten, dass sie »zufällig« nur wenige Kilometer entfernt Urlaub machten. Auf dem Weg zu ihnen bemerkten wir, dass sogar die Wickeltasche unseres Sohnes gestohlen worden war, inklusive Babypass, Untersuchungsheft und ersten Bildern. Uns kamen die Tränen. Ich war fertig und ausgehungert und wünschte mir nur noch einen entspannten Abend.
Unsere Freunde haben uns nicht nur mit Bargeld ausgeholfen, sondern uns auch zu einem wunderbaren Abendessen eingeladen.
Unser Sohn ist sogar relativ schnell im Kinderwagen eingeschlafen und wir hatten tatsächlich einen (den Umständen entsprechend) entspannten Abend.
Als wir nach dem Urlaub zu Hause ankamen und die Post abholten, fielen mir sofort Deine zwei Bücher in die Hände. Genau in

diesem Moment wusste ich: Wir bekommen alles, was uns wirklich wichtig ist, wieder zurück! Nachdem ich dann noch auf den ersten Seiten gelesen hatte, dass ausgerechnet meine Mail, die Geschichte meines Sohnes, ein Zeichen für Dich war, dieses Buch weiterzuschreiben, war es, als würdest Du mir den Energieball zurückwerfen.
Sogar die Frage nach dem WARUM war in diesem Moment beantwortet: Mein Mann hatte vor dem Urlaub wahnsinnig viel Energie verwendet, um eine passende Diebstahlversicherung abzuschließen, die es nicht gab! Nun, Dir muss ich ja nicht schreiben, warum gerade meine Tasche unberührt blieb ...

Kurz vor Jahresende fragte ich mich, warum mein Wunsch noch nicht erfüllt worden war. Ich glaube, mein Mann triumphierte innerlich sogar etwas, weil er es immer noch nicht richtig fassen kann, welche Erfolge ich mit meinen Wünschen habe.
Wenige Tage später, exakt einen Tag vor dem ersten Geburtstag unseres Sohnes, kam dann das Schreiben vom Fundbüro München: Alle unsere Sachen außer dem Bargeld (das mir sowieso nicht wichtig war) waren gefunden worden! Das Wichtigste – die ersten Bilder unseres Sohnes – war wieder da! Sogar eine sehr wertvolle Brieftasche bekamen wir zurück.

Wünschen funktioniert! Irgendwie witzig, oder?
Mein Mann hat mich mal gefragt, warum ich Dir immer von meinen Wunsch-Erfolgen schreibe. Meine Antwort – hier auch für Dich: DANKBARKEIT!
Als ich noch nicht so viel Erfahrung mit »Erfolgreich wünschen« hatte, konnte ich mir keine Vorstellung vom Universum machen.

Wie soll ich mich bei »etwas« bedanken, von dem ich keine Vorstellung habe? Da ich jedoch ein Bild von Dir vor Augen hatte, habe ich einfach Dir meine ganze Dankbarkeit entgegengebracht. Heute habe ich zwar eine erweiterte Vorstellung vom Universum, bin Dir aber immer noch unendlich dankbar.
Herzlichste Grüße
Anka

Sage es mir,
und ich werde es vergessen.
Zeige es mir,
und ich werde es vielleicht behalten.
Lass es mich tun,
und ich werde es können.

Laotse

Wie wirken Affirmationen?

Das was du heute denkst,
wirst du morgen sein.
BUDDHA

Erfolgreich wünschen ist nichts anderes als ein sehr geeigneter Weg, unseren eigenen Code umzuprogrammieren. Ob durch positive Affirmationen, Autogenes Training, Meditation, Autosuggestion, So-tun-als-ob oder durch Visualisieren – stets kann unsere DNA diese Informationen empfangen und speichern.
Zur Erinnerung: Es gibt keine Grenzen. Die wahren Grenzen existieren nur in unserem Kopf.

Es ist stets die Kraft der menschlichen Überzeugungen, die uns zu dem werden lässt, woran wir glauben.

Beim Wunsch nach Gesundheit zum Beispiel geht es nicht darum, unsere Krankheit zu leugnen. Stattdessen wollen wir unsere Selbstheilungskräfte aktivieren. Beim Visualisieren ersetzen wir die Krankheit gedanklich mit Bildern von strahlender Gesundheit und lassen diese Energie auf unseren Körper wirken, anstatt wie bisher unserem Körper ständig zu suggerieren, dass etwas mit ihm nicht stimme.
Unser Körper reagiert auf die kleinsten Gedankenimpulse. Wenn wir an unsere Gesundung glauben, können wir unse-

ren Körper auf allen Ebenen dazu veranlassen, seine Selbstheilungskräfte zu mobilisieren. Was vielen anschließend, wenn sie wieder gesund sind, wie ein Wunder anmutet, ist in Wahrheit keines. Letztendlich bestätigt es nur, wie stark die Kraft unserer Gedanken ist.

Wie kraftvoll die konzentrierte und zielgerichtete Energie sein kann, zeigt die folgende Begebenheit sehr eindrucksvoll:

Lieber Pierre,

da sich die Kraft meines Wünschens – und vor allem die Erfolge – in unserem näheren Bekanntenkreis herumgesprochen hatte, rief mich eines Tages meine Freundin total aufgelöst an. Sie wusste zwar von all meinen Erfolgen beim Wünschen, konnte sich selbst aber nur schwer davon überzeugen, dass es tatsächlich klappte. Deshalb bat sie mich in ihrer Not um Hilfe.

Sie erzählte mir von ihrer Mutter, die innerhalb weniger Minuten von einem halbwegs gesunden Menschen zu einem »Krüppel« wurde. Ein Blutgerinnsel, das sich an der Wirbelsäule bildete, drückte ihr sämtliche Nerven ab, die den unteren Bewegungsapparat steuern. Sprich: Das Bewegen ihrer Beine und somit das Laufen wurden von einer auf die andere Minute zum Stillstand gebracht.

Sie wurde per Hubschrauber ins Krankenhaus gebracht, wo man sie sofort operierte. Die Ärzte versuchten alles, um das Schlimmste zu verhindern. Die OP dauerte lange.

Nachdem die Mutter meiner Freundin aus der Narkose erwachte, wurden gleich Tests durchgeführt, die eindeutig Aufschluss geben sollten, ob die OP erfolgreich war. Laut dem behandelnden Arzt musste unmittelbar nach der OP eine Regung in den Beinen für den Patienten deutlich spürbar sein. Aber es tat sich nichts – auch

nicht Tage nach der OP. Die Ärzte bestätigten, dass sich so viele Stunden nach der OP wohl nichts mehr im positiven Sinne tun würde; man solle sich mit dem Gedanken abfinden, dass die Patientin wohl den Rest ihres Lebens im Rollstuhl verbringen würde.
Meine Freundin war mit ihrer Kraft am Ende – ganz zu schweigen vom emotionalen Zustand ihrer Mutter.
Nachdem mich meine Freundin angerufen hatte, war ich natürlich über den Zustand der Mutter sehr bestürzt; mich nahm das alles sehr mit. Ich wusste allerdings im ersten Moment auch nicht, was meine Freundin eigentlich von mir wollte – bis sie mir unvermittelt sagte, ich solle mir bitte wünschen, dass ihre Mutter wieder laufen kann. Immerhin hätte ich mit meinem Sohn auch schon »medizinischen« Erfolg gehabt. Ich gab ihr recht und versicherte ihr, meinen Wunsch noch am selben Tag ans Universum abzuschicken.
Ich beendete das Telefonat um genau 15.30 Uhr. Gleich danach sandte ich meinen Wunsch ans Universum. Schon um 19.15 Uhr bekam ich eine SMS von meiner Freundin: Sie sei gerade im Krankenhaus – und ihre Mutter habe ihr stolz vorgeführt, dass sie ihren rechten Fuß bewegen kann!
Ich war nicht mal überrascht. Denn ich wusste, die Macht des Wünschens ist grenzenlos ...
Heute, vierzehn Tage nach dem Lähmungseintritt in den Beinen der Mutter meiner Freundin, ist es so, dass sie nachweislich bis hin zu den Oberschenkeln wieder etwas spürt. Sie ist nun in der Reha und macht täglich Fortschritte – wider Erwarten aller Ärzte!
Monika

Wissenschaft kann die letzten Rätsel
der Natur nicht lösen.
Sie kann es deswegen nicht,
weil wir selbst ein Teil der Natur
und damit auch ein Teil des Rätsels sind,
das wir lösen.

Max Planck

Können wir durch Gedankenkraft eine neue Zukunft erschaffen?

Die Zeit ist überhaupt nicht so, wie sie scheint.
Sie bewegt sich nicht nur in eine Richtung,
und die Zukunft existiert gleichzeitig mit der Vergangenheit.
ALBERT EINSTEIN

Können wir durch Gedankenkraft unsere Zukunft beeinflussen? Ein eindeutiges Ja! Wir können es – mehr, als wir ahnen. Die Quantenphysiker haben etwas sehr Aufregendes entdeckt und damit einmal mehr aufgezeigt, dass wir tatsächlich unser Leben jederzeit komplett verändern und alles in unserem Leben verwirklichen können.

Wie wir bereits wissen, senden wir durch unsere Gedankenkraft Energien aus. Natürlich senden nicht nur *wir* solche Gedankenenergien aus, sondern auch alle anderen Menschen. Da gleichschwingende Energien sich gegenseitig anziehen, ist die logische Folge davon, dass nicht nur *wir* Menschen und Ereignisse anziehen, sondern wir auch selber – und zwar im gleichen Maß – von anderen Menschen und Ereignissen angezogen werden. Voraussetzung dafür ist, dass beide Energien miteinander in Resonanz treten, also ähnlich schwingen.
Nun hat man aber in der Quantenphysik herausgefunden, dass sich sogenannte Quantenwellen – zum Beispiel unsere Ge-

danken und Überzeugungen – nicht nur *räumlich* ausbreiten, sondern auch *zeitlich.* Sie breiten sich nicht nur im Raum aus, sondern auch in der Zeit (= Zeitwellen). Es gibt also Quantenwellen, die von der Vergangenheit in die Zukunft laufen, sogenannte *normale* Quantenwellen.
Es gibt überdies Energiewellen – sogenannte *konjugiert komplexe* Wellen –, die sich von der Zukunft in die Vergangenheit ausbreiten! Das ist doch sehr erstaunlich. Und dennoch ist es so.
Die Wellen, die in die Zukunft laufen, werden *Angebotswellen* genannt, und die in die Vergangenheit zurücklaufenden Wellen werden als *Echowellen* bezeichnet.
Treffen nun beide Wellen aufeinander, kommt uns also eine solche Echowelle aus der Zukunft entgegen und trifft auf eine von uns ausgesandte Angebotswelle, moduliert die eine Welle die andere und es entsteht als Produkt der beiden Wellen eine sogenannte *Ereigniswahrscheinlichkeit.*[7]

- Die Wahrscheinlichkeit, dass ein Ereignis eintritt, resultiert laut Quantenphysik »aus dem Zusammentreffen einer Angebotswelle aus der Vergangenheit und einer ›passenden‹ Echowelle aus der Zukunft.«[8]

Um dies besser zu verstehen, könnten wir das Ganze mit der Funktionsweise eines Faxgeräts vergleichen: Versenden wir ein Fax, nimmt unser Gerät erst einmal Kontakt mit dem angewählten Faxgerät auf und tauscht bestimmte Prüfsignale aus. Erst dann, wenn sich beide Geräte auf einen gemeinsamen Übertragungsstandard geeinigt haben, kommt es zu einem Datenaustausch.

»Auf ähnliche Weise kommunizieren ... Vergangenheit und Zukunft miteinander und erschaffen beim Zusammentreffen passender Signale sozusagen auf ›halber Strecke‹ ein konkretes Ereignis hoher Wahrscheinlichkeit, das heißt, eine erlebte Gegenwart. Das bedeutet nichts anderes, als dass nicht nur die Vergangenheit die Zukunft beeinflusst, sondern auch die Zukunft die Vergangenheit!«[9]

Unser Verstand tut sich ein bisschen schwer mit dieser Vorstellung, da Zeit für uns bisher immer nur linear vonstatten ging, und zwar von der Vergangenheit in die Zukunft. Und nun soll das auch umgekehrt möglich sein? John G. Cramers Hypothese ist heute nicht nur mehrfach bestätigt, sondern hat bestimmte Paradoxien innerhalb der Quantenphysik überhaupt erst erklärbar gemacht. Dies bedeutet also:

Die Zukunft ist nicht weniger real als die Vergangenheit.

Die Zukunft existiert bereits »irgendwo da draußen«. Ansonsten könnte sie keine Wellen in die Vergangenheit – also in unsere Gegenwart – zurückschicken. Auch deine Zukunft existiert bereits – jetzt in dieser Sekunde. Und dennoch ist sie nicht vorbestimmt, denn wir haben die Möglichkeit, uns verschiedene Arten der Zukunft zu wählen. Genau genommen haben wir – gemäß neuer, wissenschaftlicher Erkenntnisse – erst dadurch, dass unsere Zukunft bereits besteht, die Möglichkeit, uns eine passende herauszusuchen.

Wie soll das gehen, wenn sie doch bereits existiert? Ist sie dann nicht schon festgeschrieben? Nein, denn unsere Zukunft existiert zwar bereits, aber in unzähligen Variationen.

Heute sind die wissenschaftlichen Erkenntnisse einen wesentlichen Schritt weiter als 1980, als John G. Cramer seine sensationellen Entdeckungen machte. Damals ging man noch von *einer* Realität aus. Dementsprechend nahm man auch *eine* mögliche Zukunft an. Inzwischen weiß man aber, dass es *gleichzeitig verschiedene parallele Realitäten* gibt.
Und hier wird es nun im Hinblick auf unsere Wunschenergie wirklich interessant.

- Man geht davon aus, dass die Zeit nicht so linear funktioniert, wie wir sie empfinden, sondern dass alles gleichzeitig geschieht.
- Die Vergangenheit passiert also jetzt in diesem Augenblick ebenso wie die Gegenwart und die Zukunft.

Unser Bewusstsein empfindet natürlich nur *eine* Zeit. Wir kennen nichts anderes. Das ist nicht weiter erstaunlich, schließlich sind unsere Sinne sehr beschränkt. Wie nehmen mit unseren Sinnen nur 8 Prozent des gesamten Lichtspektrums wahr. 92 Prozent der Wirklichkeit, die uns in diesem Augenblick ebenfalls umgeben, können wir mit unseren Sinnen einfach nicht wahrnehmen; sie existieren für uns schlichtweg nicht. Und dennoch gibt es sie. Aber weil wir selbst unser eigenes »Messinstrument« sind – und dieses in seiner Kapazität auch noch sehr limitiert ist –, können wir das nicht verstehen und lehnen es ab.
Und dennoch sind wir umgeben von einer Fülle anderer *Energien, Schwingungen, Wellen* und *Informationen.*

Ich weiß, dass ich nicht weiß.
SOKRATES

So alt diese Erkenntnis auch sein mag, sie hat sich bis heute nicht wesentlich geändert. Selbst einer der leitenden Forscher des Cern-Centers, einer 4 Milliarden teuren Forschungsanlage in Genf[10], sagte in einem Fernsehinterview, dass wir modernen Menschen von heute in der Tat nur 5 Prozent unserer Realität wahrnehmen könnten und dass wir trotz aller technischen Geräte, die wir inzwischen besitzen, über 95 Prozent der Wahrheit, die uns umgibt, nichts wüssten. Jedoch lägen in diesen 95 Prozent, die wir nicht erfassen können, alle Antworten auf unsere ungelösten Fragen.
Derselbe Forscher sagte, dass man dieses gigantische Forschungszentrum in der Schweiz gebaut habe, weil man hoffe, wenigstens in ein weiteres Prozent der Wahrheit einen kleinen Einblick zu bekommen. 4 Milliarden Euro für 1 Prozent mehr Wissen!

Falls Gott die Welt geschaffen hat,
war seine Hauptsorge sicher nicht,
sie so zu machen, dass wir sie verstehen können.
ALBERT EINSTEIN

Wir wissen also, dass wir eigentlich überhaupt nicht(s) wissen. Der größte Teil der Realität bleibt uns verschlossen. Dennoch gibt es diesen Teil, dennoch wirkt die andere Seite jenseits unserer Wahrnehmung auf uns ein, auch wenn wir noch nicht verstehen, *wie*.

Ganz ähnlich verhält es sich mit der Zeit. Auch hinsichtlich der Zeit können wir nur einen ganz kleinen Bereich der Wahrheit erkennen. Mit unseren Sinnen und unserem Bewusstsein nehmen wir nur die Gegenwart wahr. Dennoch weiß man inzwischen, dass auch die Vergangenheit und die Zukunft existieren, jetzt in dieser Sekunde. Wobei der Begriff »Sekunde« wiederum ein Konstrukt ist, da es ja keine Zeit gibt, also auch keine Sekunden.

Der lineare Ablauf von Zeit ist nur eine Vorstellung, die wir uns aufgebaut haben.

- Die Zeit ist nicht linear. Alles geschieht *gleichzeitig*.
- Und deshalb – weil alles gleichzeitig geschieht – kann die Zukunft auf unsere Vergangenheit einwirken.
- Es gibt nicht nur *eine* Realität, sondern *unzählig viele.*

Da es nicht nur *eine* Realität, sondern *viele* verschiedene gibt und immer alles gleichzeitig geschieht, wirken auch entsprechend viele Echowellen von der Zukunft her auf uns ein. Damit stehen verschiedene Möglichkeiten der Zukunft offen, die sich aus unserer jetzigen Gegenwart oder unserer Vergangenheit entwickeln können. Genau genommen entwickelt sich unsere Gegenwart aus den Angebotswellen, die wir in unserer Vergangenheit ausgesandt haben. Man könnte sich das so vorstellen, als spielten wir selbst in einem Film mit, dessen Ausgang von unseren Entscheidungen abhängt. Wir selbst haben das »Happy End« in der Hand.

Jede mögliche Zukunft schickt ihre Signale zurück und diese treffen auf unsere Angebotswellen.

Nicht alle diese Wellen passen aber zueinander, nicht alle resonieren miteinander. Es gibt nur dann eine sogenannte Modulation von Angebots- und Echowellen, wenn sich die Wellenformen sehr ähnlich sind. Nur dann geschieht eine sogenannte Transaktion, das heißt eine Verbindung zwischen unserer Vergangenheit – sprich: dem, was wir ausgesandt haben – und einer der vielen Möglichkeiten der Zukunft. Nur dann wird eine sehr hohe Ereigniswahrscheinlichkeit hergestellt.

Woher kommen aber nun die Wellen aus der Zukunft?
Fred Alan Wolf, einer der renommiertesten Physiker, gelangt zu folgendem Schluss: Jeder Mensch, der bewusst oder unbewusst Energien aussendet – das meint alles, was er wahrnimmt oder denkt oder wovon er überzeugt ist –, schickt auf die bereits besprochene Weise eine Angebotswelle in die Zukunft – *aber auch gleichzeitig in die Vergangenheit.*

Genau genommen handelt es sich natürlich nur um *eine* Welle, die sich kugelförmig ausbreitet, und zwar nicht nur räumlich, sondern auch zeitlich. Zugleich werden aber auch von der Zukunft Echowellen gesendet. Zukünftige Ereignisse senden also Echowellen in unsere Gegenwart zurück. Die Zukunft gibt es aber nun in unzähligen Varianten, »in denen wiederum zahllose Varianten von Möglichkeiten existieren und dadurch Echowellen in ihre Vergangenheit (das heißt meine Gegenwart) zurücksenden.«[11]

Die von uns ausgesandten Angebotswellen suchen nach gleichschwingenden Echowellen aus der Zukunft, um eine hohe Ereigniswahrscheinlichkeit aufzubauen.

Die von uns ausgesandte Energie testet alle Möglichkeiten der verschiedenen Zukunftsarten aus und geht mit der Zukunft eine Verbindung ein, deren Wellenform am ehesten zu unserer Angebotswelle passt.
Unsere Angebotswelle durchzieht unsere gesamte Zukunft. Alle Möglichkeiten werden überprüft – sowohl der nächste Augenblick wie auch das Ereignis im nächsten Jahr oder in einem Jahrzehnt.
Hier hat die Quantenphysik nun folgendes Phänomen festgestellt: Je näher das künftige Ereignis zeitlich ist, umso größer ist die Resonanzschärfe. Das heißt: »Je näher ein in der Zukunft von mir beobachtetes Ereignis mir zeitlich ist, umso eindeutiger fällt die Entscheidung aus, ob es stattfindet oder nicht.«[12]

Unser jetziger Bewusstseinsstand legt alle möglichen Ereignisse in naher Zukunft fest.

Liegen die erwarteten Ereignisse in einer zeitlich weiter entfernten Zukunft, nimmt die Resonanzschärfe zwar ab; dennoch legt unser jetziger Bewusstseinsstand eine sehr klare Tendenz vor. Da es nun unzählige Möglichkeiten an Bewusstseinszuständen gibt, die alle Energien aussenden, können wir mit jeder Möglichkeit von ihnen in Verbindung treten. Dies tun wir, indem unsere Angebotswellen mit den Echowellen kommunizieren und eine Ereigniswahrscheinlichkeit erschaffen.

Und hiermit sind wir direkt beim Wünschen angelangt. Denn Wünschen ist nichts anderes, als eine von diesen vielen Möglichkeiten in unser Leben zu holen.

- Wenn wir wünschen, senden wir eine solche Angebotswelle aus.
- Diese kommuniziert mit einer Echowelle.
- Wenn wir eine Ereigniswahrscheinlichkeit erschaffen haben, haben wir die besten Chancen, dass sich der Wunsch erfüllt.

Alles was wir in unserer Innenwelt besitzen,
wird uns auch in der äußeren Welt begegnen,
denn die äußere Welt spiegelt immer nur
unser inneres Bewusstsein wider.

Erst wenn wir unser Bewusstsein gezielt ausrichten,
können wir in Resonanz mit den Dingen treten,
die wir gerne in unserem Leben
realisiert haben möchten.

Wollen wir zu Ergebnissen kommen,
die wir uns wünschen,
sollten wir beginnen,
unsere Gedanken, Gefühle und Überzeugungen
zu beobachten und zu kontrollieren,
denn alles was wir denken oder fühlen,
ALLES
ruft ein Resonanzfeld hervor.

Lässt sich auch Materie durch Gedankenkraft verändern?

Wir sind, was wir denken.
Alles was wir sind,
entsteht mit unseren Gedanken.
Mit unseren Gedanken machen wir die Welt.
BUDDHA

In den vorangegangenen Kapiteln hast du gelesen, wie stark und machtvoll die Energie ist, die unser Herz aussendet. Du hast erfahren, dass für unser Resonanzfeld weder Zeit noch Entfernung eine Rolle spielen, um dorthin zu gelangen, wo ein ähnlich schwingendes Feld vorhanden ist. Wir wissen nun, dass die Kraft der Gedanken in der Lage ist, sowohl unsere als auch fremde DNA zu beeinflussen.

Diese Entdeckungen mögen vielleicht erstaunlich sein, sie haben aber eine noch viel umfassendere Auswirkung auf unser Leben und unsere Wunschkraft, als wir überhaupt ahnen. Denn diese starke Energie, die unser Herz aussendet, kann genügend Kraft besitzen, nicht nur unseren Körper, sondern auch die Atome der Materie zu verändern.

Um dies besser zu verstehen, müssen wir einen kleinen Abstecher in die Sprache der Atome machen. Wer schon lange kein Schulzimmer mehr betreten oder ein Buch über »neue Physik« gelesen hat, hat wahrscheinlich noch immer das alte mechani-

sche Modell eines Atoms im Kopf: Hier gibt es einen Kern, um den Elektronen und Protonen kreisen. In diesem Modell gibt es also feste Teilchen.
Doch diese Vorstellung ist schon lange überholt. Das mechanische Bild von umeinander kreisenden Teilchen, die aussehen wie ein kleines Minisonnensystem, ist längst dank eines neuen Wissensstands ersetzt worden. Inzwischen weiß man, dass es sich gar nicht um Teilchen handelt, sondern um eine Konzentration von Energie in verschiedenen Zonen. Je näher man nämlich den Elektronen und Protonen oder dem Atomkern kommt und je genauer man sie untersucht, desto mehr lösen sie sich auf. Das dichte feste Teilchen besteht nur aus Energiewirbeln. *Das Atom hat keine physische Struktur.* Es ähnelt eher einem kleinen wirbelnden Kreisel, der Energie ausstrahlt. Diese kleinen Energiewirbel nennt man Quarks oder Photonen.

Es gibt gar keine feste Materie,
es gibt nur Energie.

Diese Energie besteht aus elektrischen und magnetischen Feldern.
Wenden wir uns nun der Energie zu, die unser Herz aussendet. Es handelt sich nämlich in allen Fällen um die gleichen Energiefelder: Die Energie eines Atoms besteht aus den gleichen Kraftfeldern, wie wir sie mit den Gedanken unseres Gehirns und mit den Gefühlen und Überzeugungen unseres Herzens entstehen lassen.

Atome lassen sich verändern.

Pieter Zeeman entdeckte dieses Phänomen zuerst 1896. Er fand heraus, dass eine *magnetische* Kraft tatsächlich den Stoff der Materie verändern kann.
1913 entdeckte Johannes Stark, dass auch ein *elektrisches* Feld das Atom beeinflussen kann. Ein elektrisches Feld hat also die gleiche verändernde Wirkung auf ein Atom wie ein magnetisches Feld.
Aus unzähligen Versuchen und Untersuchungen der Quantenphysik weiß man nun, dass sich das Atom selbst verändert, wenn sich das elektrische oder magnetische Feld eines Atoms verändert. Das bedeutet, Atome verändern ihr Verhalten und sie ändern dadurch ihren Ausdruck als Materie.

Wir wissen nun, dass unsere Herz-Energie genügend Kraft besitzen kann, auf Atome einzuwirken. Das heißt, wir können tatsächlich jedes Atom der Welt verwandeln. Dabei spielen weder Zeit noch Entfernung eine Rolle.
Das ist natürlich fantastisch. Denn fortan sind wir nicht allein auf unseren Glauben angewiesen, sondern wissen nun auch – wissenschaftlich bewiesen: Wir haben eine direkte Wirkung auf unsere Umwelt.

Vielleicht verstehen wir jetzt langsam, welch machtvollen Schlüssel wir für unsere Wünsche in der Hand halten. Auf diese Weise können selbst die »unmöglichsten« Dinge geschehen. Für unseren Verstand mögen sie noch immer »unerklärliche Wunder« sein, doch für die Wissenschaft und die spirituellen Führer dieser Welt sind sie schon lange keine Rätsel mehr.

Lieber Herr Franckh,
heute ist etwas Unglaubliches passiert!
Seit einigen Wochen planen wir einen Hauskauf. Hierzu müssten wir unsere Aktien verkaufen. Gestern der Schock: Börsencrash. Alle Aktien im Keller. Die ganze Nacht über konnte ich nicht schlafen, dachte darüber nach, dass wir uns unser Haus nun nicht leisten können usw. Dann habe ich den Wunsch dagegengesetzt, dass unsere Aktien vor dem Verkauf steigen. Die ganze Nacht hatte ich diesen Gedanken.
Am nächsten Tag rief mich mein Mann an, dass die Volkswagenaktien aus unerfindlichen Gründen angestiegen seien. Innerhalb einer Stunde konnten wir genannte Aktien verkaufen und einen Gewinn von 5000 Euro verbuchen. Noch am gleichen Abend waren die Aktien wieder deutlich gefallen.
Liebe Grüße – und danke!
Petra

Finde heraus,
was deine innerste Überzeugung ist,
und du hast den Schlüssel
für dein Leben in der Hand.

Mit allem verbunden

Das Glück deines Lebens
hängt von der Beschaffenheit deiner Gedanken ab.
Marc Aurel

Ob durch unsere Herz-Energie, unsere DNA oder über unser Gehirn mit der Kraft unserer Gedanken: Wir senden ständig – ob wir es wollen oder nicht – Impulse nach außen, und diese treffen auf die Energien anderer Menschen. Deren Energien können gar nicht anders, als ebenfalls mit unserer Energie mitzuschwingen, wenn sie sich im gleichen Resonanzfeld befinden. Ansonsten werden sie von unserer Energie nicht berührt. Gleichzeitig werden wir natürlich von deren Energien angezogen, wenn sie mit uns gleichschwingen. Wir sind ununterbrochen Sender und Empfänger.

Durch diese Verbundenheit mit allen anderen können wir die Karten unseres Lebens komplett neu mischen. Denn wir erhalten dadurch die Möglichkeit, alles in unserem Leben zu verändern – gleichgültig ob wir eine tiefe, wahre Liebesbeziehung, Heilung oder Freunde suchen oder aber die Befriedigung durch materielle Dinge in unser Leben ziehen wollen. Weil wir mit allen verbunden sind, bringt unser Resonanzfeld, das wir durch unsere Gedanken und unseren Glauben in uns erzeugen, auch das Resonanzfeld anderer zum Schwingen.

Wenn wir diese Fähigkeit gezielt anwenden, verfügen wir über die Möglichkeit, unser Leben nach unserem Willen umzugestalten. Voraussetzung dafür ist, dass wir den wahren Gehalt unserer Überzeugungen und Gedanken kennen und dadurch lernen, sie bewusst zu lenken, ohne dass Zweifel oder Minderwertigkeitsgefühle Zugang zu uns finden.

Wesentlich ist immer die tiefe Überzeugung in uns.

In unserem Leben manifestiert sich all das, woran wir überwiegend glauben und woran wir überwiegend denken – gleichgültig ob es sich um Heilung von Krankheiten oder um ganz außergewöhnliche Erfolge handelt. Wovon wir überzeugt sind, tritt ein.
Natürlich werden sich auch unsere Befürchtungen bestätigen, wenn wir ihnen gedanklich Energie schenken.
Ob es sich also um unsere Ängste oder unsere tiefsten Sehnsüchte handelt: Immer ist der Ursprung unserer Wirklichkeit in der ursächlichen Kraft unserer Gedanken zu suchen, die nach dem Gesetz der Resonanz all das Erhoffte oder Befürchtete gleichschwingend in unser Leben ziehen.

Es soll geschehen, wie du geglaubt hast.
Jesus Christus[13]

Je mehr wir glauben,

dass wir von allem um uns herum getrennt sind,
dass wir Dingen ohnmächtig gegenüberstehen,
dass wir Opfer sind,

dass alles nur zufällig ist und unser Leben aus einer nicht überschaubaren chaotischen Abfolge besteht,
dass es in der Welt ungerecht zugeht,
dass wir keinen Einfluss auf Krankheiten haben,
dass uns in unserem Leben nicht mehr zusteht,
dass Glück oder Pech wahllos verteilt werden,
dass uns unser Körper fremd ist,
dass wir keinen Einfluss auf unsere eigene Kreativität haben,

desto mehr werden wir uns exakt in dieses beängstigende Leben hineinbewegen.

Gleichzeitig fühlen wir eine Leere und Einsamkeit in uns, weil wir uns vom eigenen Schöpfertum, das in jedem von uns ruht, distanzieren – und damit trennen wir uns von unserer eigenen Göttlichkeit.

Kein Wunder, dass wir aus dieser Einsamkeit heraus versuchen, unser Leben mit oberflächlichen Dingen zu füllen. Deshalb hecheln wir Zielen nach, die uns niemals glücklich machen können, weil sie uns stets nur an der Oberfläche berühren. Solange wir uns weiterhin von der eigenen Kreativität trennen, solange wir uns nicht selber als Schöpfer unseres Universums betrachten, wird unser Leben tatsächlich in nicht überschaubaren und scheinbar zufälligen Ereignissen auf uns einströmen. Aber auch hier hauchen *wir* unserem Leben genau diese Prägung ein. *Wir* erschaffen den Zustand, über den wir uns so bitterlich beschweren. Das ursprüngliche Potenzial liegt in uns. Nichts auf dieser Welt kann ohne diese ursächliche Energie existieren.

Das Gesetz der Resonanz sagt immer »Ja«.
Es bestätigt dich stets in deinem Glauben.

Energie fragt nicht nach Moral oder Nutzen. Energie reagiert nur nach deinen ausgesandten Impulsen.
Was bedeutet dies nun in der Konsequenz? Die Botschaft schenkt Hoffnung:

Wir können jederzeit
aus der bisher von uns geschaffenen Welt
wieder aussteigen.

Wir müssen nichts anderes tun, als unsere Perspektive ein bisschen zu verändern. Wir könnten zum Beispiel damit beginnen, unser tägliches Leben mit anderen Augen zu betrachten.
Der Schlüssel liegt zunächst darin, dass wir verstehen, auf welche Weise wir mit allem um uns herum verbunden sind, und begreifen, wie wir unser Resonanzfeld bewusst verwandeln können, damit wir die Erfahrungen in unser Leben ziehen, die wir uns wünschen.
Sobald wir uns als einen Teil dieser Welt betrachten und nicht mehr als etwas von ihr Getrenntes, haben wir den ersten, wichtigsten Schritt getan, um all unsere Wünsche und Sehnsüchte in unser Leben zu ziehen.
Von nun an werden wir nicht mehr achtlos irgendwelchen negativen Gedanken nachhängen: Wir wissen, dass auch diese Gedanken ein Resonanzfeld erzeugen, das sich mit anderen verbindet und unser Leben in eine Richtung beeinflusst, die wir *nicht* wollen.

Wenn wir verstehen, auf welche Weise wir mit allem verbunden sind, haben wir Zugang zur größten Kraft des Universums.

Verändern wir unsere Glaubensmuster, unsere alten aufgebürdeten Überzeugungen und unsere Meinung über uns selbst, dann bringen wir all diese Ereignisse und Menschen, die bisher in diesem *negativen* Energiefeld in Gleichklang mit uns geschwungen haben, nicht länger in Schwingung, das heißt, sie werden aus unserem Leben verschwinden. Stattdessen bringen wir neue Erfahrungen und andere Ebenen, die wir durch *positive* Gedanken zum Schwingen bringen, in unser Umfeld.

Ganz eindrucksvoll beschreibt die Umpolung des Denkens für mich die Geschichte von Maria, die sich achteinhalb Jahre in einem Rechtsstreit befand – bis zu einem bestimmten Tag:

Ich habe ein Geschenk für eine Freundin gesucht. Dabei entdeckte ich Ihr Buch »Wünsch es dir einfach – aber richtig«. Sofort vergaß ich alles andere und spazierte aus dem Buchladen mit einem überglücklichen Grinsen im Gesicht. Dabei spürte ich ein nie gekanntes Glück, denn endlich hatte ich die Lösung für mein Problem gefunden!
Mein Problem? Nun, ich hatte die Frechheit gehabt, einen Rechtsanwalt zu verklagen. Es dauerte sage und schreibe achteinhalb Jahre! Ja, die erste Gerichtsverhandlung habe ich auch gewonnen, aber der wollte es einfach nicht wahrhaben. Also bezahlte er auch nicht.
Ich gab nicht nach und bestand darauf, weiterzugehen und wieder zu klagen – mit Erfolg!

Das Landesgericht nahm sich meiner Sache an. Damit begann eine schier nicht enden wollende Zitterpartie! Ganz zu schweigen von den Ängsten, die ich durchlief.
Und dann lachte mich plötzlich dieses Wunschbuch so übermütig an ...
Ich habe sofort sämtliche Regeln befolgt. Glücklicherweise habe ich keine Schwierigkeiten, an das Gute zu glauben. Denn es heißt ja: »Die Hoffnung stirbt zuletzt.«
Am Tag des Gerichtstermins setzte ich mich ins Auto, mit einer Ruhe wie noch nie. Ich fuhr zum Gericht und sang dabei die ganze Zeit meine Affirmationen vor mich hin und war einfach glücklich.
Meine Rechtsanwältin war völlig aus dem Häuschen, als sie mich am Morgen total entspannt antraf. Ich sagte mit einer solchen Überzeugung, dass wir gewinnen werden, dass sie mich nur noch sprachlos anschauen konnte.
Dann ging alles sehr schnell. Innerhalb von 40 Minuten war es überstanden und wir hatten allen Grund, die Sektkorken knallen zu lassen: Ich habe mir einen Schadensersatz von rund 140 000 Euro vorgestellt – und? Ich habe es auf den Cent bekommen! Hurra! Von der Gegenpartei wurde nicht einmal mehr Widerspruch eingelegt.
Mein herzlicher Dank an Sie für die Tipps in Ihrem Buch!
Maria

Maria war von ihrem Erfolg überzeugt und sandte diese Energie ohne den Hauch eines Zweifels aus. Und da Überzeugungen mit einer 5000-fach größeren Stärke hinausgeschickt werden, war ihr klar, dass der Erfolg sich einstellen würde. Fließend, leicht und entspannt.

Bevor wir mit dem Wünschen beginnen,
steht an erster Stelle deine Entscheidung,
in welche Richtung sich dein Leben entwickeln soll.
Jede Richtung ist möglich.
Jede.

Überlege dir also, wer du gerne sein möchtest.
Dann stelle fest, wer du bist.

Gibt es zwischen diesen beiden Menschen
eine große Differenz,
solltest du deinen Glauben ganz schnell
auf die Person ausrichten,
die du gerne sein möchtest,
und dich nicht länger mit der Person beschäftigen
und täglich identifizieren,
die du gar nicht sein willst.

Das Gesetz der Resonanz

- Es gibt ein Energiefeld, das alles mit allem verbindet.

- Dieses Energiefeld kommuniziert mit unserem Resonanzfeld.

- Wir bauen unser Resonanzfeld durch die Sprache der Gefühle und durch die Energie der Gedanken auf, vor allem aber durch unsere Überzeugungen.

- Diese senden wir mittels unseres Herzfelds, unserer DNA und unserer Gedankenkraft aus.

- Entfernungen spielen für Resonanzfelder keine Rolle, ebenso wenig die Zeit.

- Durch das Gesetz der Resonanz sind wir mit allem und jedem verbunden.

- Wer oder was auch immer mit uns in Resonanz tritt, kann nicht anders, als darauf zu reagieren.

- Alles was mit uns in Resonanz tritt, wird unweigerlich in unser Leben gezogen.

- Ebenso werden auch wir unweigerlich von anderen Resonanzfeldern angezogen, wenn sie mit unserem Resonanzfeld gleichschwingen.

Teil 2

Wirkungsvolle Wege, mit deinen Wünschen in Resonanz zu kommen

In welchen Resonanzfeldern hältst du dich auf?

Achte auf deine Gedanken –
sie sind der Anfang deiner Taten.
AUS CHINA

In diesem Teil des Buches wollen wir uns mit der praktischen Seite des Wünschens befassen. Hier findest du Übungen und Erläuterungen, wie du am schnellsten die richtige Wunschenergie aufbauen kannst. Sei dir dabei bewusst, dass es immer nur darum geht, das richtige Resonanzfeld zu erzeugen, um die von dir gewünschten Energien auszusenden. Wenn du das schaffst, kannst du alles in dieser Welt erreichen.

Um in Resonanz mit unseren Wünschen zu kommen, stehen uns viele unterschiedliche Möglichkeiten zur Verfügung. In den folgenden Kapiteln stelle ich einige vor, die mir persönlich am leichtesten fallen und die für mich in der Vergangenheit stets am effektivsten waren.
Am besten suchst du dir von diesen Manifestationstechniken diejenigen heraus, die dir am meisten Freude bereiten. Leichtigkeit und Freude sind nämlich die wesentlichen Energieträger, um das Erwünschte zu manifestieren. Gehen wir zu ernsthaft oder verkrampft an die Sache heran, bauen wir zwangsläufig ein negatives ernsthaftes, verkrampftes Resonanzfeld auf. Was

wir damit in unser Leben ziehen, ist wohl klar: verkrampfte Ernsthaftigkeit.

Nicht alle Methoden werden dir auf Anhieb gelingen oder zu deinen Favoriten werden. Vielleicht spürst du bei einigen Techniken sogar innere Widerstände oder Trauer oder Zweifel. Oder du schaffst es nicht, deinen Affirmationssätzen Glauben zu schenken oder kannst anfangs keine starken inneren Bilder entstehen lassen. Das ist völlig normal. Sei also nicht enttäuscht und ärgere dich nicht darüber, denn dies würde – dem Gesetz der Resonanz folgend – nur diesen Zustand verstärken. Denke immer daran:

**Alles was du denkst, fühlst und glaubst,
ziehst du in dein Leben.**

Es ist auch nicht notwendig, von einer Methode zur nächsten zu hüpfen oder alle gleichzeitig einzusetzen. Haben wir eine einzige Technik für uns entdeckt, die wir voller Vertrauen und Zuversicht ausüben können, erzielen wir wesentlich mehr, als wenn wir viele Techniken halbherzig anwenden.

Je mehr Spaß und Freude du an deiner Manifestationstechnik hast, desto schneller werden sich die ersten Resultate einstellen.

Bevor wir mit den Wunschtechniken beginnen, sollten wir zunächst eine kleine Bestandsaufnahme machen. Wir sollten einmal nachsehen, in welchen bereits bestehenden Resonanzfeldern wir uns aufhalten.

Dies herauszufinden, ist relativ leicht. Da sich in unserer Außenwelt immer nur das befinden kann, was auch in unserer Innenwelt besteht, ist unser direktes Umfeld ein sehr gutes Ablesesystem dafür, welche Resonanzfelder wir zurzeit aufbauen.
Warum aber sollen wir überhaupt eine solche Bestandsaufnahme machen?
Umgeben wir uns mit den – für uns – *falschen* Schwingungsfeldern, können wir uns immer und immer wieder bemühen, die optimalen Resonanzen entstehen zu lassen: Unser Umfeld wird uns stets dorthin zurückholen, wo wir eigentlich *nicht* sein wollen, und wird dadurch unsere neuen Resonanzfelder zum Einstürzen bringen. Alles Bestehende wird uns jede Minute und Sekunde daran erinnern, dass wir Single sind, einsam, chaotisch, arm, ein Versager, ein Muttersöhnchen oder grundsätzlich unfähig etc.

Das Resonanzfeld, das uns umgibt,
beeinflusst uns mit Sicherheit dauerhafter,
als jede selbst geschaffene Wunschenergie es je tun kann.

Unsere Resonanz ist wie eine Art Matrix,
die tief in uns schwingt.
Sie sendet Informationen nach außen,
die unserem Wesenskern entsprechen,
und zieht nur Gleiches in unser Leben.

Wir können unser Umfeld daher auch als eine Art
»Ablesesystem« nutzen.

An dem, was auf uns zukommt,
oder an dem, was wir »anziehen«,
können wir ablesen,
wie wir in unserem Innersten »programmiert« sind.

Die Verbundenheit mit allen Dingen hilft uns,
uns selbst zu verstehen
und uns dieses Potenzial zunutze zu machen.

Wenn dich Resonanzfelder an der Weiterentwicklung hindern

Es gibt nur eine Zeit,
in der es wesentlich ist aufzuwachen.
Diese Zeit ist jetzt.
BUDDHA

Wie wir inzwischen wissen, können wir durch *fremde* Resonanzfelder durchaus beeinflusst werden. Wir alle kennen dies nur zu gut aus unserem alltäglichen Leben.

Waren wir zum Beispiel gerade eben noch friedlich und ruhig, genügt oft ein einziger Mensch, der uns mit seiner Wut und Unzufriedenheit mitreißt. Innerhalb von Sekunden befinden wir uns plötzlich in einem unglaublich intensiven Streit. Wie ein loderndes Buschfeuer ist er ausgebrochen. Manchmal sagen wir dabei Dinge, die wir gar nicht sagen wollten, oder treffen voreilige Entscheidungen, die wir bei besonnener Betrachtung niemals gefällt hätten.

Oft verstehen wir dann nicht, wie wir uns so schnell zu so einem Streit hinreißen lassen konnten, wo doch der Tag bis zu diesem Zeitpunkt wundervoll und harmonisch verlief.

Nun, die Lösung ist ganz einfach: Wir sind schlicht und ergreifend in das Resonanzfeld eines anderen Menschen geraten und haben uns dadurch beeindrucken lassen. Das heißt, unsere Schwingungsenergie hat sich der seinen angepasst. Ob wir es

wollten oder nicht, wir wurden von einer fremden Energie beeinflusst.
Wenn wir es allerdings etwas genauer besehen, werden wir feststellen, dass uns diese Energie gar nicht so fremd ist. Denn wenn sie nicht auch in uns stecken würde, könnten wir uns von ihr auch nicht beeindrucken lassen. Wir würden nicht mit ihr resonieren. Die *vermeintlich fremde* Schwingung würde in uns nichts zum Schwingen bringen.

Lassen wir uns von einem streitsüchtigen Menschen anstecken, steckt das Potenzial von Streit auch in uns.

Wir können eben alles sein. In uns sind alle Facetten der Emotionen angelegt. Wir können friedlich, liebevoll, einfühlsam, wütend, missmutig, neidisch, launisch oder zweifelnd sein. Wenn uns zum Beispiel jemand voller Liebe und Mitgefühl begegnet, dann werden wir ebenfalls weich und liebevoll und spüren dieses Mitgefühl tief in uns. Beides – die Wut und das Mitgefühl – sind bereits in uns angelegt, sonst könnten wir überhaupt nicht in diese Energie kommen.

Es liegt immer an uns selbst, welches innere Schwingungspotenzial wir aktivieren wollen.

Wir haben es selbst in der Hand.
Wir kennen schließlich auch genügend wundervolle Möglichkeiten, wie man sich von fremden Schwingungsenergien anstecken lässt. Wenn wir zum Beispiel eine Kirche betreten, verhalten wir uns schlagartig anders – nicht nur weil dies von

uns erwartet wird, sondern weil wir uns sofort auf die friedvolle Schwingung des Raumes einlassen. Wir fangen sie auf und werden selber ruhiger und friedlicher. Manchmal hält die innere Stille sogar noch an, wenn wir wieder draußen auf der Straße sind und uns wieder dem alltäglichen Leben zuwenden.
Ganz ähnlich geht es uns, wenn wir ein spirituelles oder erhebendes Buch lesen oder aufbauende Musik hören. Sofort fangen wir die Resonanzen anderer Menschen oder Töne auf und gleichen uns ihnen an. Die einzige *Arbeit,* die wir hier geleistet haben, besteht darin, dass wir uns dorthin begeben haben.

Wir machen uns einfach bestehende Resonanzfelder zunutze, indem wir uns der gewünschten Energie nähern.

Oft halten wir uns jedoch in Resonanzfeldern auf, die unseren Wünschen komplett entgegenlaufen. Wir umgeben uns mit Menschen, die uns mit ihren Zweifeln schwächen und uns davon überzeugen wollen, dass das, was wir uns vorstellen, gar nicht funktionieren kann. Kein Wunder also, dass wir zu zweifeln beginnen, wenn wir uns in das Resonanzfeld von Zweiflern begeben. Sehr oft vollzieht sich diese Entwicklung schleichend und unmerklich. Daher ist es gut, zuweilen zu überprüfen, ob wir uns überhaupt in den richtigen, uns *förderlichen* Resonanzfeldern aufhalten.

Bei einem meiner Vorträge erzählte mir eine Frau, dass sie ein Buch geschrieben habe und sich coachen lassen wollte. Aus diesem Grund hatte sie eine Frau engagiert, die selber eine sehr erfolgreiche Autorin war und ihr helfen sollte, einen geeigneten

Verlag zu finden. Die Teilnehmerin meines Vortrages schien aber keineswegs ermutigt oder voller Freude darüber zu sein, ein Buch geschrieben zu haben. Sie war eher sehr besorgt, denn ihr Coach hatte ihr von vorneherein klar zu verstehen gegeben, dass sie sich auf gar keinen Fall einbilden sollte, ihr erstes Buch würde gleich ein Bestseller werden; dies sei schlichtweg unmöglich. Sie selbst habe schließlich drei Bücher veröffentlicht, bevor sie in die Bestsellerlisten kam.
Die Teilnehmerin wollte meine Meinung hören, ob sie sich weiterhin von dieser Frau coachen lassen sollte oder nicht. Ich fragte daher zurück, ob sie sich von ihrem Coach ermutigt oder entmutigt fühle. Sie bestätigte, dass sie sich sehr mutlos fühlte. Meine zweite Frage war, wer denn hier wen bezahle. (Natürlich zahlte sie den Coach.) Und daraufhin hakte ich nach: »Warum bezahlst du jemanden, der dich entmutigt? Warum suchst du nicht jemanden, der dir Mut schenkt? Der dir genügend Kraft und Euphorie gibt, durch all die Schwierigkeiten, die die Veröffentlichung eines Buchs mit sich bringt, hindurchzugehen? Das ist fast so«, sagte ich, »als würden wir uns im Fernsehen eine ganz furchtbare Sendung anschauen, die uns überhaupt nicht gefällt, und trotzdem weiterschauen, allein aus dem Grund, weil wir doch schließlich unsere Fernsehgebühren dafür bezahlt haben.«

Wenn wir erkennen, dass uns jemand nicht guttut, zwingt uns niemand, bei diesem Menschen zu bleiben und uns weiterhin dieser destruktiven Energie auszusetzen.

Natürlich glauben wir oft, dass wir niemand anderen finden würden, der uns bei unserem Vorhaben begleitet, und wir von

Glück sagen können, dass wir überhaupt jemanden an unserer Seite haben. Dies flüstert uns aber nur der Verstand zu, der für »Wunder« nicht zuständig ist. Unser Verstand bestätigt uns meistens nur in unserem Gefühl der Minderwertigkeit. Wollen wir aber darüber hinauskommen, dann gilt es ganz rasch, sich ein neues, positives Resonanzfeld zu suchen, damit wir größer werden dürfen und wachsen können.

Umgib dich mit Menschen, die dich motivieren!

Umgib dich also nur mit Menschen, die an dich glauben, die von deiner Kraft überzeugt sind, die das wundervolle Talent in dir sehen, die das Potenzial in dir erkennen, die sich mit deinen Visionen verbinden und diese Visionen unterstützen können.

Warum solltest du bei Menschen bleiben, die dich in deinem Enthusiasmus bremsen und nicht an deine Kraft und deine Kreativität glauben? Wer oder was in dir sagt dir, dass du dies aushalten musst? Unser Leben sollte fließend leicht und heiter sein, von positiver, kraftvoller Energie getragen, von einer Energie, die uns voranbringt, die uns hilft, größer zu werden, damit wir über uns hinauswachsen und neue Schritte wagen können. Oft aber umgeben wir uns mit Menschen, die uns blockieren oder in unserer Entwicklung hemmen, weil uns dies bereits aus unserer Vergangenheit vertraut ist. Vielleicht kennen wir diese Art von Energie bereits von unseren Eltern, von unseren Geschwistern, von unseren Verwandten und Bekannten. In so einer Energie – auch wenn sie sich negativ auf uns auswirkt! – fühlen wir uns manchmal sogar regelrecht »zu Hause«.

Bleiben wir jedoch in diesem *vertrauten negativen* Resonanzfeld haften, dann werden wir es erst einmal schwer haben, ein neues Resonanzfeld aufzubauen, das uns befähigt, positive Erfahrungen in unser Leben zu ziehen.

Die Teilnehmerin meines Vortrages lachte nur noch, als sie erkannte, dass sie sich in eine Sackgasse verrannt hatte. Plötzlich verstand sie tatsächlich nicht mehr, wieso sie dieser Frau so viel Macht über sich gegeben hatte und wieso sie diese Frau auch noch dafür bezahlte.

Vielleicht geht es dir ganz ähnlich. Nicht immer erkennen wir negative Resonanzfelder sofort, sondern erst, wenn wir sie *bewusst* prüfen und betrachten.

Es gibt einen sehr einfachen und schnellen Weg, um Klarheit über die Energien zu bekommen, die einen umgeben:

- Schreib einmal die Namen all deine Freunde, Bekannten und Verwandten, mit denen du dich (fast) jeden Tag umgibst, in eine kleine Liste.
- Und dann notiere rechts neben dem jeweiligen Namen die Eigenschaft, die du durch diesen Menschen bekommst. Dort könnte jetzt stehen: »Aufbauend, lustig, heiter, unterstützend«, oder aber: »Ständig kritisierend, neidisch, eifersüchtig« etc.
- Überlege aber nicht zu lange. Schreibe die Eigenschaften eher spontan auf. Das Erste, was dir dabei einfällt, ist immer das Richtige. Überlegst du zu lange, könnte es sein, dass

dein Verstand wieder dazwischenfunkt und alles zu relativieren versucht.

Auf diese Weise kannst du sehr rasch feststellen, ob dir die Menschen um dich herum tatsächlich ein Gefühl der Kraft geben oder ob sie dich eher eingrenzen und dir das Gefühl von Minderwertigkeit vermitteln. Falls dir die Antworten nicht leichtfallen, gehe gezielt den folgenden Fragen nach:

- Ist die vorherrschende Energie in deinem Umfeld förderlich für deine Vorhaben oder eher hinderlich?
- Schenkt dir dein Umfeld Kraft und Energie?
- Fühlst du dich dort wohl und geborgen?
- Vertraut man dir?
- Unterstützt man dich?
- Kannst du deine Wünsche äußern?
- Ist man auf dein Wohl bedacht?
- Darfst du dich so zeigen, wie du wirklich bist?

Wenn deine Antworten eher ernüchternd ausfallen, dürfte dies kein Wunder sein. Wäre es anders, wärst du doch bereits in einem anderen Schwingungsfeld und hättest zwangsläufig bereits andere Energien und Menschen in dein Leben gezogen.

Im zweiten Schritt gehen wir nun noch etwas weiter:

- Kreuze auf der Liste die Mitmenschen an, die *nicht* an deine Kraft und an deine Kreativität glauben.
- Vielleicht magst du dir auch überlegen, wie lange du an-

deren Menschen noch erlauben willst, über dein Leben zu urteilen, dich abzuwerten oder dich negativ zu beeinflussen. Schreib eine Zahl auf deine Liste, eine genaue Zeitangabe: einen Tag, einen Monat, ein Jahr, ein Leben lang. Daran kannst du gut erkennen, was dein eigentliches Vorhaben im Leben ist und ob du dich selbst dabei unterstützt.

Es gibt nur einen einzigen Menschen auf der ganzen Welt, der ihnen die Erlaubnis dazu erteilt, und dieser Mensch bist *du*. Nur *du* lädst andere Menschen ein, nach Belieben in deinem Leben herumzufuhrwerken. Es ist immer *deine* Entscheidung, wie du künftig damit umgehst.

- Liste nun noch einmal alle die Menschen auf, die dich fördern, unterstützen und stets an deiner Seite stehen. Auch wenn es vielleicht wenige sind: Es gibt immer jemanden an unserer Seite, der uns bedingungslos fördert. Denke darüber nach. Vielleicht hast du diesen »Freund« oder diese »Freundin« bereits vergessen, oder du hast eine andere Gewichtung in dein Leben gelegt. Vielleicht ist er oder sie auch bereits direkt an deiner Seite und du hast es nur übersehen oder diese »Freundschaft« für selbstverständlich genommen.
- Und dann entscheide dich dafür, gerade jenen Menschen mehr Priorität und Zeit zu widmen, die für dich förderlich sind und die dich stetig in deinem Leben voranbringen.

Umgib dich mit Menschen, die dir wohlgesonnen sind und die dir Anerkennung, Hochachtung und Würde schenken.

- Wenn du solche Menschen in deinem Leben noch nicht kennst, dann nutze dein gedankliches Resonanzfeld.
- Sei dir bewusst, dass es diese Menschen gibt, die dein volles Potenzial erkennen.
- Sei dir sicher, dass diese Menschen jetzt in dein Leben treten.
- Und vor allem erkenne dein eigenes Potenzial.
- Beginne dich selbst zu achten und zu lieben und dich voller Anerkennung zu behandeln. Je zielgerichteter du dies tust, desto rascher wird sich dein Umfeld ändern.
- Der größte Turbo, um schnell in das gewünschte Resonanzfeld zu kommen, ist, andere in ihren Wünschen zu fördern. Je mehr man gibt, desto mehr bekommt man zurück. Da Gleiches immer Gleiches anzieht, wirst du rasch von Menschen umgeben sein, die deine innere Freigebigkeit spiegeln und dich ebenfalls fördern wollen.

Begib dich in das Feld von Resonanz.

Das bedeutet natürlich nicht, dass du sofort deine Freunde oder deine Familie aufgeben musst, damit sich deine Wünsche verwirklichen. Es bedeutet allerdings, dass du dich *zusätzlich* dorthin begeben solltest, wo sich deine Wünsche bereits für andere erfüllt haben. Sonst wirst du zwar regelmäßig durch Affirmationen oder mithilfe deiner Visionskraft oder durch gezielte Körperübungen deine Schwingungsenergie erhöhen, aber dein erzeugtes Resonanzfeld wird sich immer wieder gestört oder gebremst fühlen oder gänzlich zusammenbrechen, wenn du dich ausschließlich mit Menschen umgibst, die nicht an die Erfüllung deiner Wünsche und an das Potenzial deiner Sehnsüchte glauben.

Negative Resonanzfelder können uns in unserer Entwicklung stören.

Umgekehrt werden uns positive Resonanzfelder auch positiv beeinflussen und in uns etwas zum Schwingen bringen, das für unsere Entwicklung sehr förderlich ist. Da ist es natürlich naheliegend, sich solche Resonanzfelder zunutze zu machen, die uns im Erreichen unserer Wünsche weiterbringen.

Die Welt steht dir offen. Die Welt stand dir schon immer offen. Du musst die Tür nur einen Spaltbreit öffnen, damit die Energie zu dir fließen kann. Den Rest macht das Resonanzfeld, wenn du offen und bereit bist.
Begib dich einfach dorthin, wo die Erfüllung deiner Sehnsüchte zu finden ist. Wir werden dort nämlich doppelt belohnt: Durch die Nähe zu unseren Wünschen bekommen wir noch weitere besondere Helfer an unsere Seite gestellt: unsere Spiegelneuronen ...

Das Geschenk der Spiegelneuronen

Unsere Wünsche sind die Vorboten
der Fähigkeiten, die in uns liegen.
JOHANN WOLFGANG VON GOETHE

Bereits 1990 entdeckten italienische Neurologen der Universität Parma um Prof. Giacomo Rizzolatti ein interessantes Phänomen. Sie fanden heraus, dass bestimmte Bereiche des Gehirns Erinnerungen an motorische Bewegungsabläufe speichern und wiederholen können, ohne diese Erfahrung selbst gemacht zu haben. Diese Gehirnzellen regen sich bereits beim bloßen Beobachten einer Tätigkeit.

Unser Gehirn speichert sogar Erinnerungen
an bestimmte Bewegungsabläufe,
auch wenn wir sie selbst gar nicht ausgeführt haben.

Dies war für die Wissenschaft vollkommen neu und überraschend. Diese – durch reine Beobachtung – gespeicherten Erinnerungen ermöglichen es uns später, tatsächlich ähnliche Bewegungsabläufe auszuführen, obwohl wir sie gar nicht trainiert oder einstudiert haben. Obwohl uns die Erfahrung für die neuen Fähigkeiten eigentlich völlig fehlen müsste, wissen wir, wie wir uns verhalten können.

Verantwortlich für diese erstaunliche Tatsache ist eine spezielle Gruppe von Neuronen in unserem Gehirn. Man hat für sie den Begriff »Spiegelneuronen« eingeführt. Diese Neuronen werden zum einen dann aktiviert, wenn wir selber ganz bestimmte Handlungen ausführen, zum Beispiel wenn wir auf einem Seil balancieren oder etwas anderes Ungewohntes tun. Sie werden aber ebenso aktiviert – und das ist das Interessante –, wenn wir nur *zusehen,* wie jemand auf einem Seil balanciert oder etwas anderes Ungewohntes tut. Die Spiegelneuronen verleihen uns also die Fähigkeit, Tätigkeiten innerlich nachzuvollziehen, wenn wir sie bei *anderen beobachten.*

Selbst die Medizin greift dies inzwischen sehr erfolgreich auf. So lernen zum Beispiel Schlaganfallpatienten anhand von Filmen, in denen alltägliche Handbewegungen (Wasserhahn aufdrehen etc.) gezeigt werden, diese Bewegungen wieder selbst durchzuführen.

Eine ebenfalls sehr beeindruckende Erfahrung durfte ich bereits als Jugendlicher machen. Damals bemühte ich mich mehr schlecht als recht, wirklich gut Gitarre zu spielen. Ich hatte leider einen Gitarrenlehrer, der mich nicht sonderlich inspirierte, und so machte ich keine wesentlichen Fortschritte. Doch dann besuchte ich eines Abends ein Konzert des spanischen Gitarrenwunders Manita de Platas.
Ich war begeistert. Völlig fasziniert saß ich in der ersten Reihe und saugte jeden Ton ein. Noch in derselben Nacht spielte ich die spanischen Gitarrenriffs nach und war so gut wie nie zuvor. Es war, als hätte ich alle Techniken schon immer geübt.

Damals war ich ebenso fasziniert von meinem – über Nacht gewonnenen – Talent für spanische Musik, wie ich auch darüber verwundert war. Heute weiß ich, dass es die Spiegelneuronen waren, die mich dazu befähigt hatten.

- Wenn wir unsere Fähigkeiten verbessern wollen, brauchen wir nur anderen intensiv dabei zuzuschauen und diese Erkenntnisse in unsere Erfahrungswelt mit einzubauen.
- Die Spiegelneuronen helfen uns, außergewöhnlich schnelle Fortschritte zu machen.
- Diese Schritte sollten natürlich in Handlung umgesetzt werden. Die Neuronen sind sozusagen die »ersten Schritte«.

Manchmal verlieren wir beim Beobachten sogar völlig die Distanz zum Geschehen und sind mit Leib und Seele dabei. Auch hierfür sind die gleichen Spiegelneuronen verantwortlich. Wenn wir uns zum Beispiel mit einem Sportler identifizieren, beginnen wir, mit ihm mitzufiebern. Ohne dass es uns richtig bewusst wird, werden wir in das Geschehen hineingezogen, als würden wir es selber erleben. Wird die Situation für unseren Lieblingssportler kritisch oder erreicht der Wettkampf eine entscheidende Phase – zum Beispiel bei einem Boxkampf, bei einem Fechtturnier oder beim Elfmeterschießen im Fußballspiel –, dann spannen sich unsere Muskeln an, unser Puls beschleunigt sich und unser Atem geht wesentlich schneller. Wir sind aufgeregt, aus dem Häuschen, nicht mehr Herr unserer Gefühle, wir schreien, toben, lachen, leiden oder jubeln. Wir erleben alles so, als würden wir selbst in der Arena stehen, obwohl wir nur zu Hause vor dem Fernseher sitzen und eine

Tüte Chips in der Hand halten. Trotzdem ist unser gesamter Körper beteiligt.
Die Spiegelneuronen geben uns also die Chance, uns in andere Personen hineinzuversetzen. Sie sind dafür verantwortlich, dass das Getrenntsein zwischen uns und anderen Menschen aufgelöst wird. Wir empfinden Mitleid, Ekel oder Glücksgefühle innerlich mit und können diese Gefühle dadurch verstehen und nachvollziehen. Vor allem aber erhalten wir von diesen Vorbildern Erfahrungen, als hätten wir sie selbst erlebt.

Vollführen wir Handlungen, die wir beobachten, im Geiste mit, stehen sie uns später als Erinnerung zur Verfügung.

Die Kraft des Visualisierens

In den 1980er-Jahren übernahm Dr. Dennis Waitley aus dem Apollo-Programm ein sehr interessantes Visualisierungsprogramm. Er forderte die Teilnehmer der Olympischen Spiele auf, sich in Gedanken bereits den Wettkampf vorzustellen und ihn gedanklich präzise durchzuspielen. Um die Untersuchungen besser auswerten zu können, wurden die Probanden an Biofeedback-Geräte angeschlossen. Das Erstaunliche war: Obwohl die Teilnehmer dieses Versuches den Wettlauf nur gedanklich durchspielten, nahmen die Muskeln dies für wahr an und zeigten alle Reaktionen, als würde der Wettkampf bereits stattfinden. Die Muskelaktivitäten waren dieselben.
Dieses Wissen über die Spiegelneuronen machen sich heute viele Spitzensportler zu eigen. Man nennt das »Mentaltraining«. Noch lange bevor der eigentliche Wettkampf beginnt, gehen

Sportler immer und immer wieder in Gedanken alle nötigen Bewegungsabläufe durch, bis sie zur zweiten Natur werden. Sie visualisieren und rekapitulieren gewisse Erfahrungen – nur in Gedanken. Dank der Spiegelneuronen stehen die Abläufe dann im eigentlichen Wettkampf innerhalb von Sekundenbruchteilen zur Verfügung. Es ist dann fast so, als hätte man den Kampf längst ausgeführt, als hätte man ihn schon tausendmal bestritten und verfügte über wesentlich mehr Erfahrung, Reaktionsvermögen und Voraussicht.

Aus diesem Grund sehen wir immer wieder Sportler, die den gesamten Wettkampf vor ihrem geistigen Auge ablaufen lassen. 100-Meter-Läufer stehen am Start und sind gedanklich bereits völlig im Wettkampf. Ihr Körper spielt alles durch, bereitet sich mit jeder Zelle auf den Kampf vor und kann dies jederzeit sofort wieder abrufen. Vor allem aber ist der Körper bereit, zu hundert Prozent den gleichen Ablauf, den sich die Sportler ausgedacht haben, in die Tat umzusetzen.

Wenn man Spitzensportler fragt, wie sie es geschafft haben, sich dermaßen über einen langen Zeitraum hinaus zu motivieren und immer wieder Kräfte abzurufen, die man ihnen nicht zugetraut hätte, sagen sie sehr oft das Gleiche: Sie haben sich nur auf das Ziel konzentriert, auf das, was es zu erreichen gilt. Die Vorfreude auf dieses Ziel war bereits so intensiv, dass alle anderen Schritte klein und geringfügig erschienen. Sie waren also bereits mit dem Ziel und der Freude des Sieges verbunden.

Wir müssen das Resonanzfeld des »Sieges« aufbauen.

Je intensiver wir uns auf das gewünschte Ziel einstellen, je intensiver wir den »Sieg« durchdenken und vor unserem geistigen Auge ablaufen lassen, desto vollkommener entwickeln wir ein Resonanzfeld, das wir aussenden und das andere empfangen. Damit locken wir all jene in unser Leben, die uns beim Erreichen unseres Zieles helfen. Außerdem stellt sich unser gesamter Körper bereits auf das gewünschte Ereignis ein.
In der Tat weiß man heute, dass wir eine Art »Bibliothek neuronaler Verknüpfungen« in unserem Gehirn schaffen können, wenn wir unsere Vorstellungskraft auf diese Weise einsetzen.

Aus dieser Sicht wird uns nun auch die tiefere Wirkungsweise des Visualisierens verständlich. Wenn wir uns mithilfe unserer Vorstellungskraft bewusst in gewünschte Situationen hineindenken, optimieren wir unser Resonanzfeld und stärken unsere Überzeugungen. Darüber hinaus aktivieren wir unsere Spiegelneuronen und verfügen zur rechten Zeit über wesentlich mehr Wissen. Es ist für unser Gehirn dann tatsächlich so, als hätten wir mit solchen Situationen genügend Erfahrung gesammelt, wüssten stets zur rechten Zeit die nötigen Dinge zu tun und beeindruckten uns und unsere Umwelt mit Sicherheit, Ruhe und Wissen. Unser Körper fühlt sich geborgen und in keiner Sekunde überrascht oder überfordert.

Ich persönlich habe es mir längst zur Gewohnheit gemacht, die für mich wichtigen Treffen oder Termine im Geiste durchzuspielen und mir den gewünschten Ausgang vorzustellen. Auf diese Weise fühle ich mich stets sicher und souverän, weiß im-

mer schnell zu reagieren und präge mit Leichtigkeit das Geschehen mit.
Die Spiegelneuronen sind überdies für etwas anderes sehr Wesentliches verantwortlich. Sie schenken uns eine weitere Art der Erinnerung, die wir alle schon einmal selber gespürt haben: Vielleicht erinnerst du dich an das Gefühl, als du von anderen Menschen erfahren hast, die es aus dem Nichts heraus zu Reichtum oder Ansehen gebracht haben. Vielleicht hast du dich damals für einige Zeit sehr ermutigt und motiviert gefühlt und geglaubt, dass du das auch schaffen könntest. Ja, hierfür sind ebenfalls die Spiegelneuronen verantwortlich. Sie speichern die Erfahrungen eines anderen Menschen, von dem du hörst oder liest und den du sehr bewunderst, als deine eigenen Erfahrungen.
Man hat herausgefunden: Je mehr man sich mit jemandem identifiziert und je ähnlicher die gemeinsame Sehnsucht ist, desto intensiver ist die gespeicherte Erfahrung.

Das beschert uns plötzlich neue Lösungsmöglichkeiten, die wir vorher nicht zur Verfügung hatten. Vorbilder wie Gandhi, Buddha, Jesus, Martin Luther King, Mutter Theresa, Nelson Mandela oder andere richtungsweisende Persönlichkeiten waren und sind so wichtig für unsere Entwicklung, weil sie unser Bewusstsein inspirieren und uns in eine neue Richtung lenken. Genauso verhält es sich, wenn wir erfolgreiche Wunschgeschichten von anderen Menschen lesen oder hören. Unsere Spiegelneuronen helfen uns dabei, innerlich nachzuahmen, was wir sehen oder hören, bis es auch für uns zur Realität wird. Deswegen helfen uns Erfolgsgeschichten aus unserer eigenen Begrenzung heraus. Wir wissen, dass wir dasselbe vollbringen können.

Unsere Spiegelneuronen werden bereits aktiv, wenn wir uns gedanklich damit befassen, wie andere scheinbar Unmögliches geschafft haben.

- Was immer du gerne erreichen möchtest: Bring in Erfahrung, wie andere es erreicht haben. Lies es, sieh es dir an, analysiere es, mach dir deren Erfahrung zu eigen.

In einer Studie habe ich gelesen, dass die Lieblingslektüre von extrem erfolgreichen Menschen die Biografien erfolgreicher Menschen sind. Mit dem jetzigen Wissen über die Lernfähigkeit der Spiegelneuronen ist dies nicht länger verwunderlich. Je mehr wir über erfolgreiche Menschen lesen, desto mehr *eigene* Erinnerung speichern wir in unserem Gehirn. Wir wissen plötzlich: Alles ist möglich. Begrenzungen gibt es nicht. Vermeintliche Hindernisse sind nur Hürden für noch größere Sprünge.

- Beschäftige dich mit dem Leben erfolgreicher Menschen.
- Lies Biografien oder sieh dir Filme an, die solche Lebenswege beschreiben.
- Befasse dich mit Geschichten von Menschen, die es aus Geldnöten zu finanzieller Freiheit geschafft haben.
- Beschäftige dich mit sogenannten »Wundern«.

Es ist nicht genug, zu wissen,
man muss es auch anwenden.
Es ist nicht genug, zu wollen,
man muss es auch tun.

JOHANN WOLFGANG VON GOETHE

Begib dich in das Feld von Resonanz

Verbringe die Zeit nicht
mit der Suche nach einem Hindernis,
vielleicht ist keines da.
Franz Kafka

Bereite den körperlichen und emotionalen Kontakt mit deinen Wünschen vor! Um das Geschenk der Spiegelneuronen optimal einzusetzen und gleichzeitig die förderlichsten Resonanzfelder für dich arbeiten zu lassen, ist es am wirkungsvollsten, wenn du dich in die Nähe von Resonanzfeldern begibst, die deiner Wunschenergie entsprechen.

Möchtest du wohlhabender sein, umgib dich mit Menschen, die es bereits zu einem gewissen Wohlstand gebracht haben. Möchtest du gerne eine glückliche, dauerhafte Partnerschaft haben, suche die Nähe von Paaren, die bereits harmonisch und zufrieden zusammenleben. Möchtest du gerne einen bestimmten Beruf ausüben, möchtest du zum Beispiel Arzt, Techniker oder was auch immer werden, dann umgib dich mit Menschen, die diesen Beruf ausüben.

Nicht nur, dass dadurch deine eigene Schwingungsfrequenz in die *gewünschte* Richtung erhöht wird und du über deine Spiegelneuronen neue, unbekannte Erfahrungen erhältst. Darüber hinaus wirst du – durch deine eigene so erzeugte Anziehungskraft – Informationen bekommen, welche nächsten Schritte für dich

am besten sind. Du wirst Hinweise erhalten, die dich weiterführen. Du wirst Menschen kennenlernen, die dich in der Erreichbarkeit deiner Ziele bestärken, also Menschen, die wissen, dass auch du dir deine Sehnsucht erfüllen kannst.
Kaum etwas ist motivierender als der Erfolg anderer. Was andere geschafft haben, können wir auch erreichen! Vor allem werden all die anderen, die es bereits geschafft haben, unsere Sehnsucht verstehen – schließlich hatten sie sie selber einmal. Und sie werden uns unterstützen, uns fördern und – ganz wichtig! – an unser Potenzial glauben. Was immer sich also in deinem Leben realisieren soll: Gehe dorthin, wo es sich bereits für andere realisiert hat.

Und damit sind wir wieder am Ausgangspunkt des vorletzten Kapitels. Umgib dich mit Menschen, die an dich glauben. Am leichtesten findest du sie dort, wo die Erfüllung deiner Wünsche liegt.
Möchtest du gerne ein Appartement in einer besseren Wohngegend beziehen, dann halte dich in diesem Bezirk mal ein bisschen auf. Gehe dort spazieren, besuche die Cafés und Geschäfte, wandere durch den Park, genieße die Atmosphäre und spüre die Energie, die dort vorherrscht. Lass dich von den neuen, anderen Schwingungen einfangen und anstecken. Stell dir vor, wie schön es ist, wenn du dort wohnst. Besichtige Wohnungen, in denen du gerne wohnen würdest, auch wenn du sie dir noch nicht leisten kannst. Stelle dich auf den Balkon und freue dich an dieser wundervollen Energie. Diese Energie steht auch dir zu!
Von diesem Zeitpunkt an ist die Vorfreude nicht mehr nur rein

visueller Art, sondern du spürst sie bereits physisch. Die Anhebung deines Resonanzfeldes ist allumfassend.

- Je mehr du dich dort aufhältst, wo du eigentlich hinwillst, desto schneller wächst du in diese Rolle hinein.
- Bleibst du dagegen ängstlich verharrend dort sitzen, wo du eigentlich wegwillst, wirst du immer wieder gegen die Schwingung, die dich umgibt, ankämpfen müssen. Das bedeutet: Du wirst immer stärker und kräftiger sein müssen als die Schwingung, die gerade in deinem Umfeld vorherrscht.
- Wesentlich leichter ist es, sich immer wieder Auszeiten zu gönnen und dorthin zu gehen, wo es bereits die gewünschte Schwingung gibt.
- Lass dich einfangen von der neuen, anderen Schwingung. Dann werden dir auch Veränderungen in deinem Leben leichtfallen, weil du dich bereits mit der Vorfreude in Verbindung bringst.
- Dann bieten sich dir auch umso mehr Möglichkeiten, an Informationen zu gelangen, an Hinweise, die dir deine nächsten Schritte aufzeigen. Vielleicht lernst du dort Menschen kennen, die dich einladen, dir Tipps geben oder sogar ihre Hilfe anbieten.

Wenn du es nicht schaffst, den gedanklichen Kreisel deiner Ängste und Sorgen zu verlassen, dann verlass einfach für kurze Zeit physisch den Ort, der dich in dieser Schwingung hält.

Manchmal benötigt man nur ein paar Stunden, um genügend Kraft zu tanken. Vielleicht gönnst du dir auch mal eine ganze Woche.

Wie schnell sich unser eigener Horizont verändern kann, haben wir alle schon erlebt. Wenn wir zum Beispiel aus dem Urlaub zurückkommen, haben wir oft vollkommen neue Ideen, Vorstellungen und Erkenntnisse gesammelt, die wir gerne anpacken wollen. Anfangs haben wir auch noch ganz viel Mut und Tatendrang, der jedoch meist innerhalb kurzer Zeit wieder völlig erlahmt.
Im Urlaub haben wir nichts anderes getan, als unser Resonanzfeld zu verändern – wenn auch unbewusst. Aber bereits nach kurzer Zeit lassen wir uns wieder einfangen von den alten Schwingungen, die uns im gewohnten Umfeld zu Hause begegnen. Manchmal träumen wir noch ab und zu vom Urlaub und von unseren Vorhaben, die sich leider nicht erfüllt haben. Manchmal sind wir sogar deprimiert, weil wir nicht genügend Ausdauer besessen haben. Aber anstatt uns entmutigen zu lassen, sollten wir dies eher als Motivation nehmen, als Beweis, wie leicht auch wir unser Resonanzfeld verändern können, wenn wir uns nur an die richtigen Orte begeben.

- Also überlege dir, welchen Wunsch du gerne als Nächstes realisieren möchtest und welche Orte du aufsuchen solltest, um dich von der richtigen Schwingung heben zu lassen.

Dabei spielt es keine Rolle, wie verrückt es sich zunächst anfühlen mag. Probiere Brautkleider an, wenn du gerne heiraten würdest; mache Probefahrten mit dem Auto, mit dem du liebäugelst, auch wenn du es dir noch nicht leisten kannst; besichtige Wohnungen, in denen du gerne wohnen möchtest; lass dich im Reisebüro ausgiebig beraten und besuche Foren im Internet, wo die Energie deines Wunsches zu finden ist. Lass deine Wünsche zu einer körperlichen Erfahrung werden.

Mache körperlichen und emotionalen Kontakt mit deinen Wünschen.

Das, wobei unsere Berechnungen versagen,
nennen wir Zufall.

Albert Einstein

Wie reagiert unser Resonanzfeld auf Nachrichten und Zeitunglesen?

Jede Information, jede Mitteilung, jede Nachricht hat einen Einfluss auf unsere DNA und hinterlässt einen Eindruck in unserer gesamten Zellstruktur.

Nachrichten sind nichts anderes als eine Ansammlung von negativen Mitteilungen. Wir erfahren von Arbeitslosigkeit, Hochwasser- und Klimakatastrophen, Energiekrisen, Bankenzusammenbrüchen, Terroranschlägen und der Möglichkeit, schon bald selbst Ziel solcher Anschläge zu sein. Dabei ist dies nur eine kleine Auswahl an Schreckensszenarien, mit denen wir Abend für Abend von den Nachrichten ins Bett geschickt werden. Nachdem man uns die schlimmsten Dinge anhand der grausamsten Bilder, die man in der ganzen Welt für uns sammeln konnte, nahegebracht hat, lächelt der Nachrichtensprecher uns an und wünscht uns eine gute Nacht.
Wie soll so eine *gute* Nacht denn aussehen?

Nachrichten und Zeitungen sind nun die *besten* Informationsträger, um Ängste zu schüren und zu verstärken. Durch sie verbleiben wir in ständiger Schutzhaltung. Unser Körper ist damit völlig überfordert. Wir fühlen uns immer schwächer und kraftloser und sehen schon bald keine Perspektiven mehr.

Sind wir mit unseren Gedanken in unserer Angstenergie gefangen, ziehen wir weitere Erfahrungen in unser Leben, die unsere Ängste bestätigen. Wir erinnern uns: Gleiches zieht Gleiches an.

Wir kreieren durch unsere Ängste geradezu das, wovor wir uns fürchten.

Und es ist – menschlich gesehen – gar nicht so leicht, aus diesem Kreislauf auszusteigen, denn die Aktivierung von Stresshormonen schränkt auch die Funktion ein, klar zu denken.
Alle Informationen und Gedanken zur Lösung von Problemen werden im Vorderhirn umgesetzt. Dort ist der Sitz der Vernunft und Logik. Die reflexhafte Aktivität hat ihren Platz im Hinterhirn. Damit die Stresshormone im Notfall sehr schnell arbeiten und reagieren können, verengen sie die Blutgefäße im Vorderhirn. Wir können also nicht mehr klar denken. Darüber hinaus unterdrücken sie das Zentrum des willentlichen Handelns. Diese Aktivität befindet sich in der vorderen Großhirnrinde. Das heißt:

Unter Stress haben wir nur noch eine verminderte Intelligenz und eine verminderte bewusste Wahrnehmung zur Verfügung.

Unter Stress können wir nicht mehr klar denken und bewusste Entscheidungen treffen. Es fällt uns also wesentlich schwerer, aus unserer Angstenergie auszusteigen und ein positives Resonanzfeld aufzubauen.
Aber das ist noch nicht alles.

Wenn wir nun mit Angst und Stress einschlafen, nehmen wir diese Energie nicht nur in unser Schlafbewusstsein mit, sondern wir speichern sie auch in unserem Gedächtnis. Denn – das hat die Hirnforschung herausgefunden – die Gedächtnisinhalte werden in der *Nacht* gespeichert. Das heißt, je näher das Erlebnis zum Schlaf ist, desto intensiver wird es in unser Gedächtnis eingebaut. Das bedeutet, die Angstenergie wird immer mehr zu unserer einzigen Wahrheit. Was also auf den ersten Blick so harmlos aussieht, hat eine enorme Tragweite.

Wie kommt man aus diesem Kreislauf wieder heraus? Ganz einfach, indem man aussteigt.

- Probiere aus, wie es sich anfühlt, eine Woche lang ohne Nachrichten ins Bett zu gehen und Zeit dafür zu haben, deine eigene, positive Energie zu finden.

Ist dir schon mal aufgefallen, dass Politiker kurz vor der entscheidenden Wahl gerne Ängste schüren, um uns dann zu versprechen, nur *sie* hätten die optimale Lösung parat und wir sollten uns keine Sorgen machen? Erinnert mich an den Nachrichtensprecher, der uns die schlimmsten Bilder der Welt präsentiert und uns dann eine gute Nacht wünscht.
Vielleicht schenkst du dir einfach selber eine gute Nacht. Dein Leben liegt in deiner Hand. Und nur dort gehört es auch hin.

Was nutzen dir all die wundervollen Resonanzfelder, die du aufbaust, wenn du sie gleich wieder einreißt?

Nachrichten sind jedoch nicht das Einzige, womit wir unsere Wunschenergie beständig behindern. Sehen wir uns mal unsere Gewohnheiten an:
Welche Filme schaust du dir zum Beispiel an? Siehst du gerne Kriminalfilme, Horror oder Thriller? Oder bevorzugst du Dramen und Tragödien? Erlebt dein Filmheld hoffnungslose Situationen und Krankheiten, den Tod geliebter Menschen oder finanziellen Ruin? Dann bedenke dabei immer, dass die Filmindustrie alles tut, um deinen Geist vollständig zu beschäftigen. Ein wirklich guter Film kann dich nur dann erfassen, wenn er deine Gefühle packt. Jeder Regisseur und jeder Drehbuchautor möchte nichts anderes, als deine Gefühlswelt berühren. Dafür geben Filmproduzenten Millionen aus, beschäftigen ein ganzes Team, damit du nachempfindest, was dieser Film dir vorlebt. Unser Verstand kann aber nicht zwischen Fantasie und Realität unterscheiden. Unser Unterbewusstsein lagert diese Erfahrungen in seine Speicher ein und richtet künftige Informationen nach diesen neuen Erfahrungen aus.
Scheinbar »nur« 90 Minuten lang sind wir in Dramen verwickelt, in Weltkriege, in Hungersnöte, in Überlebenskämpfe. Tun wir dies des Öfteren, dann beschäftigen wir uns gedanklich und emotional mit diesen Dingen. Schauen wir uns immer wieder ähnliche Filme an, betrachten wir Nachrichten oder Sondersendungen von großen Unglücken oder Hungersnöten, dann bauen wir in uns ein enormes Resonanzfeld des Mangels, der Armut, Sorgen, Nöte und Ängste auf.
Manchmal – vielleicht allzu oft – sind die dabei entstehenden Gefühle wesentlich intensiver und nachhaltiger als die Gefühle, die wir durch unsere Wünsche entstehen lassen.

Wenn wir also immer wieder

> Bücher lesen, in denen sich Dramen abspielen oder Menschen ermordet werden, nur damit wir eine innere Spannung spüren oder »von dem Buch gefesselt sind«;
> Filme betrachten, die uns in ein Resonanzfeld bringen, das wir am eigenen Leib niemals erleben wollen;
> ausgiebig und intensiv Nachrichten aufnehmen, die uns schockieren oder die Abscheu, Abwehr oder Ekel erzeugen,

dann bauen wir dieses Resonanzfeld ebenfalls in uns auf. Das Gesetz der Anziehung wirkt und wir identifizieren uns immer mehr mit dem, was wir gar nicht sein wollen.

Um dir selbst klar vor Augen zu führen, wie völlig anders dein Leben verlaufen könnte, solltest du dir und deinem Körper einmal eine Woche lang den Einfluss von förderlichen Energien zugestehen.

- Lass es dir gut gehen.
- Lies nur erbauende Literatur.
- Betrachte nur Mut machende Filme.
- Höre nur erhebende Musik.
- Triff dich nur mit Menschen, die du gerne magst.
- Schreibe liebevolle Briefe.
- Halte deine Gedanken in einem Tagebuch fest.

Alle Einflüsse, die du dir selbst gewährst, beeinflussen dein Resonanzsystem, wecken also verschiedene Emotionen und Gefühle. Hörst du wohlklingende Musik oder liest du erbauende Bücher, wird dein Gemüt wesentlich friedlicher, leichter, heiterer und ruhiger werden.

**Entwickle dich dorthin,
wo die Erfüllung deiner Sehnsüchte zu finden ist.**

Je öfter du etwas wiederholst, desto schneller nimmt es Realität an. Dafür sind die Synapsen in unserem Gehirn verantwortlich.

Für wahre Wunder in deinem Leben
ist niemand anders zuständig als du selbst.

Alles was wir uns wünschen,
alle Ziele, die wir gerne erreichen möchten,
sind bereits in uns veranlagt.

Allein deshalb können wir in Resonanz
mit den erhofften Zielen treten.

Wäre es nicht bereits in uns,
würde ein Ereignis – welches auch immer es sei –
nichts in uns in Schwingung bringen.

Das Gehirn ist formbar

Phantasie ist wichtiger als Wissen,
denn Wissen ist begrenzt.
ALBERT EINSTEIN

Neueste Erkenntnisse aus der Hirnforschung lassen uns wieder einmal staunen. Denn nun hat man herausgefunden, dass unser Gehirn veränderbar ist. Es lässt sich formen, je nachdem welcher Tätigkeit wir nachgehen. Es verändert sich nicht nur theoretisch, sondern physisch. Es verändert sich je nachdem, welchen neuen Gedanken wir nachgehen oder welche neuen Erfahrungen wir machen.
In langen Versuchsreihen ließ man Probanden eine gewisse Zeit lang unbekannte Tätigkeiten ausführen und konnte feststellen, dass der Bereich des Gehirns, der dafür benutzt wurde, an Größe zunahm, vergleichbar mit einem Muskel, den man trainiert, während sich andere Bereiche des Gehirns, die man brachliegen ließ, verkleinerten. Das Gehirn schrumpfte an dieser Stelle tatsächlich in seiner Größe. Gleichzeitig schlossen sich neue Synapsen, der Fluss an Energie nahm dort zu und es begannen sich neue, andere automatische Gedankenketten zu aktivieren.
Das Gehirn besitzt also die Fähigkeit, seine Vernetzungen vollständig zu ändern und neue Verknüpfungen von Neuronen auszubilden, wenn wir für eine gewisse Zeit Neues tun oder denken.

Innerhalb kurzer Zeit werden die neue Tätigkeit, die neuen Gedanken oder die neuen Überzeugungen zu einer kraftvollen Wahrheit.

Das Gehirn richtet sich danach aus.

- Denken wir eine gewisse Zeit an ganz bestimmte Dinge oder führen wir für einige Zeit ganz bestimmte Tätigkeiten aus, vergrößert sich der dafür zuständige Bereich im Gehirn.
- Andere Abschnitte im Gehirn, die wir für eine gewisse Zeit brachliegen lassen, also nicht benutzen, verkleinern sich.

Die dafür zuständigen Neuronen verändern ihre Funktionen, damit die neuen, dafür nötigen elektrischen Signale – und damit auch die Informationen – wesentlich schneller und leichter weitertransportiert werden können.
Die Wissenschaft hat für diese überraschende Fähigkeit des Gehirns, sich vollständig verändern zu können, bereits einen Namen gefunden: *Plastizität.*

Das wirklich Faszinierende daran ist nun für uns, dass wir jederzeit eine neue Wirklichkeit für unser Leben erschaffen können. Unser Gehirn reagiert auf unsere Gedanken und bildet je nachdem seine Neuronen aus. Unser Gehirn vernetzt sich völlig neu.

Wir können unseren Geist und damit unsere Zukunft in jede Richtung schulen.

Wenn wir also für eine gewisse Zeit durch neue Denkweisen unsere bisher brachliegenden Abschnitte des Gehirns trainieren, können unsere Erfahrungen in Zukunft völlig anders verlaufen.

- Wir können durch unsere neuen Denkweisen und unsere Handlungen neue Nervenzellen des Gehirns aktivieren.
- Die Funktionen der Neuronen können sich verändern, andere Verknüpfungen können entstehen, während Bereiche, die wir nicht benutzen – zum Beispiel jene, die mit unseren Zweifeln und negativen Gedanken zu tun haben – immer kleiner und unwichtiger werden.
- Wir können unser Leben völlig neu ausrichten.
- Selbst unsere Überzeugungen können sich vollständig verändern, wenn wir nur eine gewisse Zeit unser Denken in eine neue »gewünschte« Richtung lenken.
- Wenn sich unsere Überzeugungen verändern, wandelt sich unser ganzes Leben.

Nun verstehen wir vielleicht auch, warum es so wichtig ist, seine Angewohnheiten zu überprüfen oder eine gewisse Zeit ganz bestimmte Handlungen zu wiederholen. Affirmationen zum Beispiel, auf die wir im nächsten Kapitel ausführlich zu sprechen kommen, gewinnen unter diesem Gesichtspunkt an Bedeutung.

Allerdings benötigt unser Gehirn etwas Zeit, um sich umzuwandeln. Wenn Nervenzellen gezielt angeregt werden, bauen sie auch gezielt Verbindungen zu ihren Nachbarzellen auf, und zwar innerhalb von Minuten. Sie bauen schon mal eine »kleine

Straße«. Bis allerdings diese »Straße befahrbar« ist, also die Informationen tatsächlich ausgetauscht werden können, vergeht ein Tag. Neurobiologen des Max-Planck-Instituts haben erforscht, dass unsere Nervenzellen bis zu 24 Stunden brauchen, um über die neu gebauten Kontaktstellen Informationen auszutauschen.

Alles neu Erlernte braucht eben seine Zeit. Innerhalb der ersten acht Stunden wachsen erst einmal kleine Verästelungen. In den darauf folgenden Stunden entscheidet sich, ob diese weitergebaut werden und Bestand haben sollen oder nicht.

Wenn wir die neuen Informationen aber behalten wollen, brauchen wir eine gezielte Wiederholung derselben. Es ist ein Lernprozess, der sich nur durch häufiges Wiederholen im Gehirn manifestiert. »Übung macht den Meister.« So lässt es sich auch erklären, warum wir Affirmationen oder positive Überzeugungssätze so oft wiederholen sollten.

Nur die konsequente Beschäftigung mit der neuen, gewünschten Überzeugung lässt uns die alten, unerwünschten Muster verdrängen.

Das haben nämlich die Neurologen zu ihrer Überraschung ebenfalls festgestellt: Alte Überzeugungen kann unser Gehirn auch wieder *vergessen.*

Wenn eine neue »Straße« – in der Sprache der Neurologen »Dorn« genannt – an eine Kontaktstelle andockte, die bereits eine andere Verbindung eingegangen war, so ist die Wahrscheinlichkeit sehr hoch, dass dieser neue Dorn den alten verdrängt.

Der Neurologe Valentin Nägerl vom Max-Planck-Institut für

Neurobiologie meint dazu, dass »diese Beobachtung zum Beispiel damit zusammenhängen könnte, dass man alte Dinge vergisst, wenn Neues gelernt wird.«[14]
Bereits Erlerntes kann man allerdings schneller wieder zurückholen als erst kürzlich erlernte Dinge. Dies könnte ein Anzeichen dafür sein, dass die alten, verdrängten Verknüpfungen nicht komplett gelöscht werden, sondern bei erhöhtem Bedarf wieder auswachsen.

Diese Erkenntnis zeigt uns ganz deutlich, dass wir in jeder Minute in der Lage sind, unser Lebenskonzept willentlich und bewusst zu verändern. Es braucht nur ein wenig Zeit, Geduld und konsequente Wiederholung der gewünschten Zielsetzung – dann baut unser Gehirn neue Verknüpfungen auf.

Also, was soll Neues in deinem Leben entstehen?

Alle Wunschformulierungen und Affirmationen
dienen nur einem Ziel:
das eigene Resonanzfeld umzuprogrammieren.

Es geht also immer darum,
alte, negative Überzeugungsmuster
mitsamt ihrer Wirkung auf unser Leben auszuschalten
und neue, positive Resonanzfelder zu erschaffen.

Die Kraft der Affirmationen

Verändere dich, und es verändert sich die Welt.
Maltesisches Sprichwort

Affirmationen sind positiv formulierte Sätze, die man beständig wiederholt – wie ein Mantra. Es sind Bejahungen, die unsere Lebensziele verstärken. Doch in Wirklichkeit bewirken sie wesentlich mehr. Mit Affirmationen bauen wir wohl am schnellsten das ideale Resonanzfeld für unsere Wünsche auf und programmieren unser Gehirn gezielt um – vor allem da sie sich überall und zu jeder Zeit einsetzen lassen.

Affirmationen helfen uns am schnellsten, unseren Glauben zu transformieren.

Affirmationen, die immer und immer wieder gedacht oder gesprochen werden, wandern tief in unser Unterbewusstsein und verändern unsere gesamte Grundeinstellung sowie – wie wir jetzt sogar wissen – unsere gesamte Hirnfunktion.
Und das ist der tiefere Sinn von Affirmationen. Der Verstand beginnt alte Programme aufzulösen und neue zu ordnen. Wir ersetzen also unsere bis jetzt eher sabotierenden negativen Muster und Überzeugungssätze mit neuen, positiven Überzeugungen.

Wesentlich ist dabei nur, dass wir unseren Affirmationen absoluten Glauben schenken: Wir müssen sie mit Haut und Haaren *fühlen*. Denn wir ziehen *das* in unser Leben, was wir auch *wirklich fühlen und glauben*.

Die Arbeitsweise von Affirmationen

- Jeder Affirmationssatz ist wie ein ausgesandter Befehl an das Unterbewusstsein.
- Affirmationssätze wandeln deine alten Überzeugungen.
- Diese neuen Überzeugungen werden vom Herzen und der DNA übernommen und ebenfalls ausgesandt.
- Wir *kommunizieren* mit allen anderen auf dieser Welt durch unsere Überzeugungen. Dies geschieht zeitgleich, ohne jegliche Begrenzungen, auf einer ganz eigenen Ebene: dem sogenannten Hyperraum.
- Nach dem Gesetz der Resonanz wird alles, was zu deiner neuen Überzeugung passt, in dein Leben gezogen.

Wunschsätze oder Affirmationen helfen uns also nicht nur, unser Bewusstsein auf ein Ziel zu fokussieren, sondern sie wirken auch auf unser ganzes Wesen ein. Wir verändern unseren Glauben in Richtung unseres Wunsches und senden diesen als gebündelte Energie in die Welt hinaus. Der alte Satz »Der Glaube versetzt Berge« bekommt auf diese Weise eine ganz neue Dimension.

Welche Affirmationen sind nun die besten?

Das kann man nicht so generell beantworten. Für jeden ist ein anderer Wunschsatz kraftvoller, da jeder von uns andere Wün-

sche, Sehnsüchte und Ziele hat – und natürlich auch verschiedene Blockaden.
Suche dir einfach diejenigen Affirmationen heraus, die sich für dich am besten *anfühlen* und bei denen du am wenigsten Widerstand spürst. Jede Affirmation sollte dir ein warmes, angenehmes und sicheres Gefühl schenken. Wenn du merkst, dass Ängste hochkommen oder du dir selbst nicht glaubst, ändere deinen Wunschsatz so lange ab, bis du ihn widerstandslos denken und sagen kannst.

Die Affirmation sollte dir leichtfallen und dir Kraft schenken.

Wenn du dagegen merkst, dass sie dich anstrengt und du Kraft aufwenden musst, gehe einen gedanklichen Schritt zurück. Lautet dein Wunschsatz zum Beispiel: »Es steht mir zu, reich zu sein«, und du merkst, dass ständige Zweifel deinen Wunsch torpedieren und du innerlich gar nicht davon überzeugt bist, dass dir Geld zusteht, dann ändere deinen Befehlssatz ab. Vielleicht fühlt sich für dich der Satz »Reich zu sein ist ein gutes Gefühl« oder »Ich mag Geld« besser an.
Sobald du ein paar Affirmationen ausprobierst, wirst du rasch entdecken, wo sich bei dir Blockaden und negative Meinungen verstecken.
Am besten ist es, die Affirmationen herauszufinden, die gut zu dir passen und für dich die größte Kraft besitzen. Wichtig ist, dass du die Wahrheit deiner Affirmationen *fühlst* und dass sie dir ein *Glücksgefühl* vermitteln.
Der Satz »Ich bin liebenswert« fällt zum Beispiel vielen Leuten

unglaublich schwer. Viel zu lange war man vielleicht im bisherigen Leben vom Gegenteil überzeugt und bekam dies von anderen Menschen ununterbrochen gespiegelt.
Bevor man sich selbst mit Affirmationen überfordert, sich also selbst aus der Resonanz wirft und durch Selbstzweifel eine gegenteilige Schwingung erzeugt, kann man sich diesem Satz auch schrittweise annähern. »Ich mag mich« oder »Ich mag mich immer öfter« könnte solch eine Aussage sein, die sich für jemanden wesentlich kraftvoller anfühlt und keine inneren Widerstände erzeugt.

Wie benutze ich Affirmationen?
Sobald du deine (für dich besten) Affirmationen gefunden hast, kannst du sie stillschweigend in deinen Gedanken oder laut rezitierend wiederholen. Spüre in jedem Moment die Zuversicht, die dadurch in dir entsteht. Du kannst diese Wunschsätze entweder wie ein Mantra benutzen oder auch nur einmal anwenden, wenn du das Gefühl hast, dass du deinem Wunsch bereits genügend Kraft verliehen hast. Wenn du jedoch bemerkst, dass wieder einmal die Zweifel deine Gedanken beherrschen, wende dich deiner ganz persönlichen Wunschformulierungen zu und wiederhole sie so lange, bis du die Kraft und den Frieden spürst, die von ihr ausgehen. Auf diese Weise bringst du dich wieder in Resonanz mit dem eigentlichen Wunsch und gibst den Zweifeln keinen Raum mehr.

Affirmationen noch mehr Kraft verleihen
Die ausgesandte Energie können wir übrigens enorm verstärken, wenn wir den Manifestationssätzen auch genau diese sen-

dungsorientierte Absicht geben. Wir sollten also beim Affirmieren immer daran denken, dass wir Energie aussenden. Wir werden zum Sender. Wir *sind* der Sender. Ähnlich einem Rundfunksender, strahlen wir Energie aus – über unser Herz, unsere DNA und unser Gehirn – und jeder, der für unsere Energie empfangsbereit ist, wird sie auffangen.

Je klarer die Energie ist, desto besser kann sie aufgefangen werden. Je besser dein Wunschsatz auf dich zutrifft und du dich mit ihm identifizieren kannst, desto intensiver ist die ausgesandte Energie.

Je perfekter du zielorientiert denkst,
desto sicherer werden sich alle deine Wünsche
in deinem Leben realisieren.

Baue dir ein Wunschbild

Nichts geschieht,
ohne dass ein Traum vorausgeht.
Carl August Sandburg

Affirmationen sind ein sehr starkes Mittel, um uns beständig in Resonanz mit unseren Wünschen zu halten. Aber natürlich gibt es noch viele andere Möglichkeiten, durch Gedankenkraft die *richtige* Energie auszusenden. Wesentlich ist nur, dass wir uns mit dem Wunsch identifizieren und dass wir uns mit ihm beschäftigen, also unser aufgebautes Resonanzfeld aufrechterhalten.

Wünschen ist zum einen wie eine kosmische Suchmaschine, die nach ähnlichen Energiefeldern sucht. Und da Gleiches immer Gleiches anzieht, holen wir auf diese Weise die Erfüllung unserer Wünsche in unser Leben. Zum anderen aber verändern auch wir uns durch die Beschäftigung mit unserem Wunsch und wachsen immer mehr in die Bereitschaft hinein, zum Empfänger unseres Wunsches zu werden.
Je länger und intensiver wir uns mit unserem Wunsch beschäftigen, umso intensiver und nachhaltiger ist die Energie, die wir nach außen senden und zu unserem Unterbewusstsein schicken. Das klingt vielleicht nach Arbeit, aber in Wahrheit benötigen wir dafür keinerlei Kraftaufwand. In Resonanz zu kommen,

kann durchaus *spielerisch* geschehen. Genau genommen ist es sogar am besten, wenn wir beim Wünschen ganz *entspannt* sind. Je leichter uns dies gelingt, desto besser.

Um dies zu erreichen, gibt es viele Möglichkeiten. Wir können uns zum Beispiel ein ganz persönliches Wunschbild bauen, eine Art Collage unseres Wunsches. Übrigens ist dies mein ganz persönlicher Favorit. Zumindest ist dies die Art, wie ich mich gerne in Resonanz halte.

- Schneide aus Zeitungen, Illustrierten oder Magazinen all das aus, was du gerne in deinem Leben haben möchtest – was auch immer es sei. Alle Bilder, Zeichnungen oder Fotos, die mit deinem Wunsch in Verbindung stehen, sind dafür geeignet. Begrenze dich auch nicht bei den Dingen, die du gerne in deinem Leben haben möchtest. Vielleicht ist es ein Computer, ein Fahrrad, ein Haus, ein Kleid oder ein Auto. Vielleicht sind es mehrere Dinge auf einmal. Eine Wohnung, Rollerblades, eine Tasche, ein Boot, ein Urlaub, ein Traumpartner oder Geld.
- Was immer du gerne in deinem Leben haben möchtest, kommt in dieses Bild. Wir basteln eine richtige Collage. Du kannst auch selber darin malen oder schreiben. Die Wahl des Formats bleibt dir überlassen. Wesentlich ist, dass du dieses Bild – vielmehr deine Wünsche – immer wieder vor Augen hast und dich damit beschäftigst. Sooft du das Gewünschte vor Augen siehst, schwelgt dein Unterbewusstsein in Vorfreude. Du beginnst das Gewünschte immer mehr anzunehmen. Du identifizierst dich mit deinen Wünschen.

Du näherst dich deinen Zielen immer mehr an. Sie sind nicht länger unerreichbar. Und plötzlich treffen sie ein. Und du findest dies selbstverständlich. Weil sie doch bereits so lange Zeit ein Teil von dir waren, ist es nur natürlich, sie nun auch physisch, also ganz real, in deinem Leben begrüßen zu dürfen.

- Hänge dieses Bild bei dir zu Hause auf, damit du täglich in Kontakt damit treten kannst.
- Vielleicht kommt auch immer wieder etwas Neues hinzu oder du malst einige Details noch wesentlich konkreter aus.
- Je mehr sich dein Geist und deine Vorstellung darauf fokussieren, je mehr du dich damit beschäftigst, umso eher wird es in dein Leben gezogen.
- Je mehr du dabei in die Vorfreude gehst, umso stärker ist die ausgesandte Energie.
- Verbinde dich mit diesem Bild. Das ist deine wundervolle Zukunft.
- Das »Glück« steht dir zu.

Es gibt natürlich viele Varianten von Wunschbildern.

- Du kannst dich zum Beispiel selbst in die Mitte zeichnen und lauter positive Eigenschaften um dich herum schreiben. Auch Sprechblasen sehen lustig aus. Schreibe dort all deine Ziele und Visionen auf! Du kannst alle deine *offensichtlichen* Talente, aber auch deine *verborgenen* Talente notieren.
- Es ist meist ziemlich beeindruckend und überraschend, zu sehen, wie viel man bereits kann und wie viele positive Eigenschaften man zur Verfügung hat. Vielleicht kannst

du gut organisieren oder bist sehr kommunikativ? Vielleicht wünschst du dir, dich selbstständig zu machen oder überhaupt wieder ins Berufsleben einzusteigen? Male oder schreibe alles in diese Collage, was dich betrifft und was du verwirklichen möchtest.

Das Wunschbild ist deine ganz persönliche Programmierung deines Resonanzfeldes.

Ich habe ja schon erwähnt, dass dies auch die Art ist, wie ich meine Wünsche auf spielerische Art ständig in meinem Resonanzfeld halte.

Vor nicht allzu langer Zeit hat Michaela so eine Collage mit Sprechblasen für mich gemacht. Man nennt dies auch Mind Mapping. Sie schrieb meinen Namen in die Mitte und rundherum alle meine Ziele und Visionen. Dieses Bild hängte ich in der Nähe meines Schreibtisches an meine Pinnwand. Jeden Tag sah ich dieses Bild: während ich arbeitete oder ein Buch las, während ich nachdachte oder telefonierte. Manchmal sah ich es völlig unbewusst, manchmal betrachtete ich es ganz gezielt.
Nach nicht einmal zwei Jahren waren alle Ziele erreicht – auch jene, die damals noch in weiter Ferne zu liegen schienen. Jeden Tag war ich mehr oder weniger (un)bewusst in Verbindung mit meinen Zielen, und so ordnete sich irgendetwas in mir neu. Manche Vorhaben machten mir damals sogar Angst. Ich wusste gar nicht, ob ich ihnen gerecht werden konnte. Heute sind sie ganz selbstverständlich für mich geworden.

Manches geht eben ganz leicht. Je weniger Kraft wir aufwenden, umso eher sind wir in der Entspannung. Je entspannter wir sind, desto eher sind wir in einer positiven Resonanz.

- Baue deine persönliche Wunschcollage und beobachte, was geschieht.

In die gewünschte Resonanz
kommt man nur durch Entspannung.
Nur dann fallen einem die genialen,
wundervollen Lösungen ein.

Den Aufbau des Resonanzfeldes beschleunigen

Tue erst das Notwendige,
dann das Mögliche,
und plötzlich schaffst du das Unmögliche.
FRANZ VON ASSISI

Erinnern wir uns: Beim Wünschen ist das Wesentlichste unsere Überzeugung. Wenn wir von etwas überzeugt sind, sendet unser Herz mit 5000-fach größerer Stärke als unser Gehirn seine Energie aus und baut sehr beständig am geeigneten Resonanzfeld. Auch unsere DNA kommuniziert mit allen anderen darüber, was wir im tiefsten Herzen glauben.

Was aber, wenn wir »irgendwie« nicht so richtig von der Erfüllung unseres Wunsches überzeugt sind? Sehr oft glauben wir, dass wir doch sehr intensiv, sehr ausführlich und sehr detailliert wünschen, und bemerken gar nicht, dass wir parallel dazu Visionen und Bilder der Begrenzung und Abwesenheit unseres Wunsches aufbauen.

Aber auch diese Bilder sind nichts anderes als ein Schöpfungsprozess. Wir erschaffen und manifestieren unsere Begrenzung. Wir holen diese ungeliebten Dinge in unser Leben. Wir bauen ein Resonanzfeld des Mangels auf und ziehen damit diese Dinge in unser Leben.

Meist verbergen sich diese Zweifel in Fragen wie: »Wann erfüllt

es sich denn endlich?«, oder: »Noch ist es nicht so weit. Mache ich was falsch?«
Solange du noch Bilder und Gefühle des Zweifels oder der Ungeduld in dir trägst, beschäftigst du dich mit der Abwesenheit deines Wunsches und schenkst ihr mehr Energie. Damit begrenzt du deinen Wunsch. Du rufst ihn – kaum dass du ihn erschaffen hast – schon wieder zurück.

Beschäftigen wir uns mit dem Mangel,
dann erschaffen wir das Resonanzfeld von Mangel.
Beschäftigen wir uns mit der Fülle,
bauen wir ein Resonanzfeld der Fülle auf.

Manchmal fällt es uns eben doch etwas schwer, zu 100 Prozent und ausnahmslos von der Erfüllung unseres Wunsches überzeugt zu sein. Hier gibt es nun eine wundervolle Methode, sich ziemlich rasch in die eigene Überzeugung zu katapultieren! Es beginnt zunächst mit etwas Gewohntem:

- Schreib zunächst auf ein Blatt Papier deinen jetzigen Wunsch auf.
- Anschließend stellst du dir diesen Wunsch – wie bisher auch – bildlich vor. Wie fühlt es sich an, wenn dieser Wunsch bereits eingetroffen ist?
- Beobachte dich auch diesmal dabei, wie leicht oder schwer es dir fällt, diese Bilder zu erschaffen. Vielleicht wirst du Widerstände spüren und erkennen, wie viele Zweifel und Ungeduld du noch in dir trägst, weil das Gewünschte ja (noch) nicht eingetroffen ist.

Um über diese Stufe hinauszukommen, ist es sehr hilfreich, unseren Visionen nun eine körperliche Erfahrung zu geben. Und dies geht am besten mit unserem Überzeugungsspiel, das ich auch sehr gerne in meinen Seminaren mache.
Dort arbeiten wir dabei sehr oft in Vierergruppen. Wenn wir unseren Wunsch aufgeschrieben und ihn uns bildlich vorgestellt haben, erzählen wir den anderen, was wir bereits *haben.* Wir teilen also nicht mit, was wir uns *wünschen;* wir sagen *nicht:* »Ich wünsche mir eine wundervolle Partnerschaft«, sondern: »Ich *habe* eine wundervolle Partnerschaft.« Wir erzählen den anderen, wie wundervoll unsere Partnerschaft bereits ist.
Indem wir es anderen mitteilen, manifestieren wir unsere Energie wesentlich nachhaltiger. Wir überzeugen nicht nur andere von unserem Ist-Zustand, sondern auch uns selbst.

Aus einer rein gedanklichen Erfahrung wird eine körperliche Erfahrung.

Diese Übung, die in meinen Seminaren stets für eine ziemliche Beschleunigung der Wunschenergie sorgt, kannst du ebenso gut alleine durchführen.

- Durch das Aussprechen deiner Wünsche in den schönsten, farbenprächtigsten Bildern wird deine Vorstellungskraft intensiviert.
- Gehe durch deine Wohnung und erzähle deinen imaginären Freunden, wie prima sich dein Wunsch bereits erfüllt hat. Voller Überzeugungskraft berichtest du, wie wundervoll es ist, wie angenehm, wie schön.

- Du beschäftigst dich nicht mehr mit dem Mangel oder der Abwesenheit deines Wunsches. Du imaginierst dich in eine Welt der Fülle und damit verbindest du dich mit der Fülle.
- Achte darauf, dass deine Stimme dabei weich und angenehm klingt. Dein Körper nimmt die Schwingung deiner Stimme auf. Du beginnst dich nun auch rein physisch mit der Erfüllung deines Wunsches zu identifizieren.
- Wenn du zum Beispiel eine wundervolle Partnerschaft wünschst, erzählst du deinen imaginären Freunden, wie schön deine Partnerschaft bereits ist, wie harmonisch, reich, fließend, leicht und heiter. Berichte, wie viel du zu lachen hast, wie sinnlich und romantisch deine Nächte sind, wie viel Verständnis dir entgegengebracht wird etc. Alles was du dir wünschst, hat sich bereits erfüllt und du berichtest davon in den schönsten, buntesten Farben.
- Wenn du das Resonanzfeld einer neuen Wohnung aufbauen willst, berichte den anderen, wie schön du deine Wohnung eingerichtet hast, wie nett deine Nachbarn sind, wie glücklich du dich in dieser Umgebung fühlst, wie außergewöhnlich die Aussicht ist, die du auf deinem Balkon genießt, etc.
- Lache, freue dich, zeige dein ganzes Glück.
- Anschließend setze dich noch einmal in aller Ruhe hin und stelle dir den Wunsch erneut bildlich vor. Gehe erneut in deine Visionskraft.
- Spüre dabei den Unterschied gegenüber dem ersten Mal nach. Gelingt es dir nun wesentlich leichter, deine Bilder aufzubauen?
- Fallen dir weitere Details ein? Entstehen vielleicht mehr Farben? Gibt es sogar Gerüche, die du wahrnehmen kannst?

Oder Worte? Haben die Gefühle zugenommen? Möglicherweise fällt dir auch auf, dass die Vorfreude intensiver geworden ist.
- Wenn dem so ist, dann berichtest du beim nächsten Mal deinen imaginären Freunden auch davon.

Je öfter und intensiver du dies tust, desto größer und kraftvoller wird das Resonanzfeld sein, das du erzeugst, und desto schneller wird das gewünschte Ereignis eintreffen.
Darüber hinaus macht es Spaß. Was meinst du wohl, wie oft ich schon durch meine Wohnung gegangen bin und meinen imaginären Mitspielern mitgeteilt habe, was bereits alles in meinem Leben an Wünschen eingetroffen ist. Schon lange bevor es physisch in mein Leben getreten ist, habe ich die Vorfreude gespürt, habe ich das Resultat vor meinen Augen gesehen und auf diese Weise meine eigene Überzeugung wachsen lassen.
Mag der Verstand dir anfangs auch noch so sehr vorhalten, dass dieses Verhalten kindisch sei: Schon bald wird er sich mit dir gemeinsam über das Ergebnis freuen und beim nächsten Mal ebenso begeistert mitmachen.

Schöpfer zu sein, ist ein Spiel mit Energien.

Je spielerischer wir damit umgehen, umso erfolgreicher werden wir sein.

Die Heilkraft der Klänge nutzen

Musik ist höhere Offenbarung
als alle Weisheit und Philosophie.
LUDWIG VAN BEETHOVEN

Das Wissen über Resonanzen und deren Wirkung ist bereits uralt. Schon die alten Ägypter, Plato und Pythagoras wussten um die Wirkungsweise von Klängen. Pythagoras lehrte, dass Töne und Musik rhythmischen Abfolgen unterliegen und diese Schwingungen einen besonderen Einfluss auf die Gesunderhaltung von Mensch und Tier haben. Er sprach von »Sphärenmusik« und entwickelte seine Harmonielehre, welche die Wechselwirkung zwischen unserer Welt und den Gestirnen in Beziehung zu unserem Körper beschreibt.

So ist es nicht verwunderlich, dass sich auch die heutige Wissenschaft sehr intensiv darum bemüht, der Wirkung von Klang und Schwingung auf unsere Dreieinigkeit von Körper-Seele-Geist auf die Spur zu kommen.

Der Naturwissenschaftler und Arzt Hans Jenny hat zum Beispiel nachgewiesen, dass jede einzelne Zelle ihre ganz eigene Frequenz und ihre ganz eigene Schwingung besitzt.

Die Eigenfrequenz oder Schwingung jeder einzelnen Zelle lässt sich durch die Qualität von Klängen verändern.

Sie steht also in Abhängigkeit oder in Resonanz mit den jeweiligen Klängen. Da kann man sich schnell ausmalen, wie unser gesamtes System auf Musik reagiert. Hören wir wundervolle, erhebende Musik, wird jede einzelne Zelle in unserem Körper zu strahlender Schönheit erblühen.

Je harmonischer und reiner die Musik ist,
die wir uns anhören,
desto mehr treten wir selber in Resonanz
mit Schönheit und Anmut.

Dieses universelle Harmoniegesetz leitet sich aus der Obertonreihe ab. Obertöne haben eine bestimmte Folge von Tonintervallen. Immer dann, wenn eine harmonische Schwingung auftritt, entstehen solche Obertöne. Der Oktavton zum Beispiel ist der erste Oberton und zugleich der energiereichste. Die Quinte ist der zweite Oberton. Dieses Intervall wird meistens in der sogenannten sakralen Musik angewendet. Der dabei entstehende Klang steht für die universelle Harmonie.
Die moderne Wissenschaft hat nun herausgefunden, dass es gerade die Obertöne sind, die dem Menschen helfen können, sich auf perfekte Weise auf ein gesundes, heilendes Frequenzmuster einzuschwingen.

Genau genommen ist der menschliche Körper vergleichbar mit einem Musikinstrument. Wir besitzen ebenso einen Klangkörper, der sich auf die jeweilige Frequenz einstimmt und dementsprechend seine Form oder sein Muster verändert.

- Wir können uns recht schnell harmonisieren, wenn wir eine für uns angenehme Musik hören oder den entsprechenden Klanginstrumenten lauschen.
- Klangschalen gehören zu den Instrumenten, die rasch die Harmonisierung unseres gesamten Körpers und unserer Seele bewirken.
- Wann immer man mit sich selbst nicht im Frieden oder im Gleichklang ist, sich überfordert, müde und abgespannt fühlt, reichen oft nur wenige Minuten, in denen man sich dem Ton einer Klangschale hingibt, um sich in Balance zu bringen.
- Das Wundervolle daran ist, dass man dieses Instrument nicht lange erlernen muss. Man legt die Schale auf die flache Hand und lässt einen Holzklöppel am Rand entlangstreifen, bis die Schale zu schwingen beginnt.
- Sehr schnell hören wir nicht nur einen Ton, sondern viele andere, sogenannte Obertöne, die ebenfalls mitschwingen. Innerhalb von wenigen Minuten richtet sich unser gesamtes System komplett neu aus. Was für manche vielleicht wie ein Wunder anmutet, ist nichts anderes, als dass wir uns in Resonanz mit der heiligen Ordnung und Harmonie begeben.
- Ebenso können einfache Stimmgabeln gezielt zu unserer Entspannung eingesetzt werden. Man hat herausgefunden, dass Stimmgabeln mit unterschiedlichen Frequenzen die craniosacrale Flüssigkeit wieder in den Fluss bringen. Das ist die Flüssigkeit, die mit unserem Nervensystem direkt in Verbindung steht. Das Wunderbare an einer schlichten Stimmgabel ist, dass sie über das Unbewusste wirkt. Wir müssen nicht darüber nachdenken, wir müssen nichts verstehen oder

reflektieren, sondern allein der Klang reorganisiert unser gesamtes Resonanzfeld. Wir kommen wieder in Harmonie mit uns selbst.

- Während wir dem Klang einer Stimmgabel lauschen, verändern sich unsere Gedanken und Gefühle, und unser gesamter Körper nimmt eine vollständig neue Haltung ein. Ohne dass wir unseren Verstand bemühen müssen, sind wir ganz schnell wieder im Einklang mit uns selbst.
- Alle Disharmonien in unserem Körper können sich auflösen und mit einer universellen Frequenz in Resonanz gebracht werden.
- So kann es zum Beispiel geschehen, dass wir plötzlich komplett neue Ideen haben oder sich Lösungen von Problemen ergeben, auf die wir vorher nicht gekommen wären.
- In der vollkommenen Entspannung können alte Muster und Verletzungen betrachtet und aufgelöst werden.

Es gibt nichts Tiefgreifenderes und nichts berührt uns so sehr, als wenn wir in Verbindung mit einer heilenden Resonanz treten. Vielleicht hast du Lust, dir eine Stimmgabel oder eine Klangschale zu besorgen. Probier es einfach aus – vor allem, wenn du müde oder abgespannt bist, wütend oder aus dem Gleichgewicht. Dann schlage eine Stimmgabel an, lausche dem Ton und warte, was geschieht.
Manchmal ist es eben ganz einfach, die Schwingung in unserem Resonanzfeld wieder zu erhöhen.

Schenke dir Achtung und Anerkennung

Von der Art des Denkens hängt alles ab.
Vom Denken geht alles aus, wird alles gelenkt und geschaffen.
Wer schlecht redet oder handelt,
dem folgt Leid wie das Rad den Hufen des Zugtieres.
BUDDHA

Es gibt noch eine sehr einfache und effektive Möglichkeit, unser Resonanzfeld aufzubauen. Je höher die Schwingung in unserem Resonanzfeld ist, desto klarer und positiver ist unsere ausgesandte Energie. Je höher wir schwingen, desto weniger haben Zweifel, Traurigkeit oder Hoffnungslosigkeit eine Chance, sich durchzusetzen.

Die schnellste Art, das optimale Resonanzfeld aufzubauen, ist:

- Lobe dich selbst!

Und das ist nicht immer so leicht, wie es auf den ersten Blick erscheint. Normalerweise halten wir mit unseren eigenen Leistungen hinter dem Berg. Das wurde uns schließlich so beigebracht. Die meisten von uns wurden wahrscheinlich immer wieder darauf hingewiesen, dass Eigenlob stinke. Viele bekamen von Kindesbeinen an Sprichworte vorgehalten wie: »Man soll den Tag nicht vor dem Abend loben«, »Wenn es der Maus zu gut geht, holt sie am Abend die Katze«, »Wenn es dem Esel zu wohl wird, geht er aufs Eis tanzen«, oder: »Übermut tut selten gut.« Diese und noch viele andere »Ratschläge« waren die Grundpfeiler unserer Erziehung. Wir alle kennen sicherlich unzählige solcher Sätze, die uns in unserer Freude eingeschränkt haben und dazu dienten, uns unter Kontrolle zu halten.

Irgendwann haben wir angefangen, diese Regeln als unsere eigene Wahrheit zu übernehmen und uns selbst zu begrenzen. Dieses Verhalten wurde für uns so normal, dass wir die Maßstäbe inzwischen auch auf andere übertragen. Zeigt sich jemand unglaublich stolz auf seine Leistung oder bringt er seine Freude darüber uneingeschränkt zum Ausdruck, benutzen wir nicht selten die gleichen Sätze, die wir früher selber zu hören bekamen. Kein Wunder, wir wurden schließlich stets dazu angehalten, selbstkritisch zu sein. Waren wir stolz auf unsere Leistung, bekamen wir oft genug zu hören, nicht anzugeben, nicht arrogant zu sein oder gar überheblich zu werden.

Wir sind es also nicht gewohnt, uns selbst zu loben.

**Wir haben den selbstkritischen Blick
inzwischen so perfektioniert,
dass wir nicht einmal mehr anderen glauben,
wenn sie uns loben.**

Wir schaffen es also nicht mehr, auf uns selbst stolz zu sein, und wehren darüber hinaus jegliche Anerkennung von anderen ab. Was meinst du wohl, welches Resonanzfeld so eine Denk- und Handlungsweise aufbaut? Glaubst du, dass man auf diese Weise Dinge in sein Leben zieht, auf die man stolz sein könnte? Wohl eher nicht. Deswegen wird es Zeit, dieses selbstverneinende Verhalten aufzugeben – zumindest wenn wir künftig Achtung und Anerkennung in unserem Leben begrüßen möchten.

Wie tief dieses negierende Verhalten in uns steckt, zeigt sich immer wieder in meinen Seminaren. Wenn ich die Teilnehmer bitte, sich in Vierergruppen zusammenzufinden und dann eine ganze Minute lang den anderen zu erzählen, was an ihnen selbst so außergewöhnlich und liebenswert ist, passiert meist das Gleiche: In der ersten Sekunde ist man fast erschrocken. Kein Wunder. Was alles an uns schlecht, was an uns furchtbar ist, darüber haben wir ganz viel Wissen und darüber können wir sehr lange und sehr ausführlich erzählen. Tagelang, wenn es sein muss. Aber wenn wir berichten sollen, was an uns selbst so toll, so außergewöhnlich ist, fällt es uns meistens sehr schwer.

Sobald sich der erste Schreck gelegt hat, beginnen die meisten zu lachen. In diesem Fall ist Lachen nichts anderes als eine galante Art von Abwehr. Wenn wir über etwas lachen, müssen wir uns nicht wirklich auf die Dinge einlassen.

Nachdem sich das Lachen gelegt hat, fangen die meisten etwas unsicher mit der Übung an. Viele sind sogar ausgesprochen zögerlich. Es ist eben nicht so leicht, seine eigenen Vorzüge herauszustreichen und sie den anderen mitzuteilen. Aber bereits nach kurzer Zeit herrscht im gesamten Raum eine unglaubliche Lebendigkeit. Und nach dieser ersten Minute wollen viele gar nicht mehr aufhören. Die Energie ist so hoch, dass es mir oft schwerfällt, wieder Ruhe in den Raum zu bekommen.

Die Beteiligten tauschen nun ihre Plätze. Jetzt erzählt der

Nächste den anderen, was an ihm so wundervoll ist. Bei jedem weiteren Wechsel nimmt die euphorische Stimmung zu. Am Ende sind alle so ausgelassen, dass sie nur noch lachen, sich gegenseitig zustimmen und glückstrahlende Gesichter zeigen.
Was ist passiert? Wir haben uns doch nur jeweils eine Minute gegenseitig erzählt, was wir selber gut an uns finden. Mehr ist nicht vorgefallen. Woher kommt also die ganze Euphorie? Ganz einfach: Sie steckt in uns. Sie ist schon immer dort gewesen. Wir haben sie nur vergessen. Wir haben sie sogar manchmal vor uns selber geheim gehalten. Nicht selten haben wir sie ganz bewusst unterdrückt.
Wenn wir diese wundervolle Energie freilassen, fühlen wir uns kraftvoll wie nie zuvor. Befreit schwappt diese Energie nach oben. Denn ja, es fühlt sich einfach klasse an, zeigen zu dürfen, wer wir wirklich sind.
Wenn du ein Resonanzfeld voller Achtung und Anerkennung erschaffen willst, kannst du die oben beschriebene Übung auch sehr gut alleine machen.

- Schreib auf einen Zettel oder noch besser in ein Büchlein all das auf, worauf du insgeheim stolz bist.
- Erinnere dich. Es gibt so viele Dinge, die dir gelungen sind.
- Streiche all deine Vorzüge hervor.
- Und dann denke noch mal richtig nach. Was gibt es noch, worauf du stolz sein könntest, wenn du es dir erlauben würdest?
- Atme einmal tief ein und aus. Lies dir deine Liste langsam durch.
- Spüre in dich hinein, wie es sich anfühlt.

- Spüre die Kraft, die in dir steckt. Spüre deinen unbändigen Stolz. Spüre, wie viel Spaß es macht, stolz auf sich zu sein. Es ist wunderbar, so viel geleistet zu haben.
- Ergänze diese Liste, sooft du magst. Trage sie mit dir herum. Und immer wenn dir etwas einfällt, fügst du es hinzu. Je mehr du dich damit beschäftigst, desto mehr wird dir in den folgenden Tagen einfallen.

Du wirst erstaunt sein, wie viel dir in deinem Leben bisher gelungen ist. Je mehr dir einfällt, umso besser. Denn alle diese Erkenntnisse sind dein jetziges und zukünftiges Potenzial. Zu alldem bist du fähig, auch heute noch. Du hast es vielleicht nur vergessen. Du hast dich unbewusst von dieser Energie abgeschnitten. Wenn wir uns aber von ihr trennen, steht sie uns nicht mehr zur Verfügung.
Verbinde dich also wieder mit dieser Energie. Es ist ganz einfach. In dem Moment, wo du dich erinnerst, in dem Moment, wo du das wundervolle Gefühl von damals spürst, in dem Moment, wo du die Bilder von damals heraufholst, stehst du wieder mit dem gesamten Potenzial deiner Fähigkeiten in Verbindung.

- Verbinde dich mit deinen vergangenen Erfolgen.
- Dieses Potenzial kannst du sofort wieder in die Gegenwart rufen. Du tust dies, indem du beginnst, dich dafür zu loben: »Das bin ich. Das alles kann ich. Dazu bin ich fähig.«
- Die Energie wird wesentlich kräftiger, wenn du es laut wiederholst – am besten vor dem Spiegel.

**Wenn wir uns selbst nicht achten,
achtet uns niemand.**

Zu der beschriebenen Übung gibt es eine Steigerung. Ich mache sie sehr oft in meinen Seminaren:

Die Steigerung besteht darin, jemand *anderem* zu sagen, was wir so außergewöhnlich toll an *ihm* finden. Wir bestätigen unserem Gegenüber, warum wir ihn mögen, was wir an ihm sympathisch finden und was wir an ihm Positives entdeckt haben. Auch wenn man sich überhaupt nicht kennt, gibt es Dinge an der anderen Person, die wir als positiv empfinden.

Diese Übung schafft meistens ebenfalls etwas Erstaunliches: Bereits nach kurzer Zeit gibt es nur noch strahlende, lächelnde Gesichter. Viele nehmen sich aus Dankbarkeit in den Arm. Sie sind sich plötzlich nahegekommen. Letztendlich sind sie sich selber nahegekommen.

Nähe schafft eine starke Lebendigkeit und Euphorie.

In diesen Momenten kommen wir uns so nah, dass wir glücklich sind. Innerhalb von nur einer einzigen Minute hat sich unser Blickwinkel komplett verändert. Wir benötigten nur eine einzige Minute, um die Nähe zu wildfremden Menschen zu spüren. Innerhalb von einer Minute haben wir einfach die Schwingung in unserem Resonanzfeld erhöht.

Obwohl wir scheinbar den Blickwinkel nach außen gerichtet haben, hat sich dennoch unser eigenes Resonanzfeld ausgeweitet. Warum ist das so?

Wir können in anderen nichts anderes sehen als das, was mit

uns selbst resoniert. In derselben Sekunde, in der wir die positiven Eigenschaften eines anderen Menschen entdecken wollen und uns darauf konzentrieren, finden wir diese Eigenschaften energetisch auch in uns und rufen sie in uns wach. Wenn wir andere loben, heben wir uns selbst in die Schwingungsebene des Lobes.
Es geht gar nicht anders. Denn wir können im anderen nichts anderes sehen, als was in uns selbst angelegt ist. Nur das, was mit unserer eigenen Schwingung resoniert, können wir im anderen erkennen.

Wenn wir in anderen das göttliche Potenzial erkennen, sehen wir nichts anderes als uns selbst.

- Möchtest du also deine eigene Schwingungsfrequenz erhöhen, fokussiere deinen Blick auf das Wundervolle in deinem Gegenüber.

Denke immer daran: Es geht um Fülle! Befinden wir uns in der Fülle – und sei es vorerst nur gedanklich –, bauen wir ein Resonanzfeld von Fülle auf. Gleiches zieht Gleiches an. Die ausgesandte Energie sucht nach gleichschwingender Energie, in diesem Fall nach einem Feld der Fülle.

- Möchtest du in der Fülle sein, begib dich gedanklich dorthin, indem du deine eigene Fülle anerkennst.

Kann man durch die Kraft der Gedanken heilen?

Du bist deine eigene Grenze,
erhebe dich darüber.
HAFIS

Glaubt man den neuesten wissenschaftlichen Erkenntnissen, kann man diese Frage durchaus mit »Ja« beantworten. Allerdings muss man hier etwas vorsichtig herangehen. Es wäre fatal, falsche Hoffnungen zu wecken, denn um diesen Weg erfolgreich gehen zu können, müssen viele Faktoren berücksichtigt werden.
Trotzdem gibt es inzwischen einige Zweige der Medizin, in denen man zunehmend die Wirkung unserer Gedanken und Gefühle auf unsere Selbstheilungsmöglichkeiten erforscht. Mit erstaunlichem Erfolg übrigens, wie der allseits bekannte Placebo-Effekt zeigt.
Es gibt aber auch das »Sich-krank-Wünschen«, auch als Nocebo-Effekt bekannt.[15] Das ist die Möglichkeit, durch Gedanken und Überzeugungen unseren Körper zu schädigen und krank werden zu lassen.

Auf einem meiner Vorträge kam eines Abends ein Mann auf mich zu und erzählte mir folgende Begebenheit:
Er hatte ein Geschäft mit mehreren Angestellten. Eines Tages

wurde bei einer seiner Mitarbeiterinnen Brustkrebs festgestellt. Voller Überzeugung sagte die Frau: »Daran werde ich sterben. In einem Jahr bin ich tot.« Sie war durch nichts und von niemandem zu überzeugen, dass man den Brustkrebs, den sie hatte, heilen könnte. Die Operation war erfolgreich verlaufen. Aber mit keinem Argument ließ sie sich ihre Überzeugung nehmen. Genau ein Jahr später, auf den Tag genau, als sie das erste Mal diese für den eigenen Körper vernichtende Äußerung von sich gegeben hatte, starb sie in einem Hospital. Ein eindrucksvolles Beispiel, wie stark der eigene Wille wirken kann – in jede Richtung.

Den Einsatz der eigenen Gedankenkraft nutzt man inzwischen in der alternativen Medizin sehr erfolgreich. Als ein Beispiel von vielen sei hier die Methode mittels Biofeedback-Gerät bei Migräne erwähnt. Bei diesem System messen Sensoren Körperfunktionen, zum Beispiel den Blutfluss in den Arterien oder die Muskelanspannung. Diese Werte werden auf einem Computerbildschirm angezeigt. Immer dann, wenn sich der Patient entspannt, verändert sich das Symbol auf dem Monitor. Ziel ist nun, das *richtige* Symbol auf dem Bildschirm erscheinen zu lassen – eine rein *gedankliche* Arbeit. Bewusstes Denken verändert die Gehirnströme, und dies wird auf dem Monitor sichtbar gemacht.
Auf diese Weise lernt der Patient – mit der Kraft der Gedanken –, seine eigenen Körperprozesse zu beeinflussen. Laut einer Studie der Uni Marburg ist diese Methode ebenso erfolgreich wie jegliche Art von Medikamenten.

Durch unsere Gedankenkraft sind wir in vielen Bereichen erfolgreicher, als wir es mit chemischen Mitteln wären.

Solche Experimente gibt es inzwischen viele. Aber die Medizin steht hier erst am Anfang ihrer Erkenntnisse. Laut Quantenphysik gibt es diesbezüglich keine Grenzen. Alles ist möglich, sogar die Umkehr von schweren, scheinbar unheilbaren Krankheiten.
Wie wirkungsvoll unsere Gedankenkraft im Wechselspiel mit unserem Körper sein kann, zeigen auch die folgenden Erlebnisse.

Hallo, Ihr Lieben,
ich erkrankte an Krebs. Metastasen im ganzen Körper, nichts mehr zu machen. Die Ärzte erklärten mir, wenn ich Glück hätte, lebte ich noch vier bis sechs Monate; ich solle mir mit Chemo und Bestrahlung ein wenig »Lebensqualität« sichern.
Nach einigen Tagen des In-mich-Gehens entschied ich mich – sehr zum Entsetzen meines Umfelds und meines Mannes – anzunehmen, dass meine Zeit vorbei ist, wenn es so sein soll.
Ich wollte nicht elendig an einer Chemotherapie zugrunde gehen. Ich nahm meine Krankheit an, akzeptierte sie und dankte für das Leben, das mir bis dahin geschenkt war. Nie zuvor empfand ich so. Mein Leben war die Überholspur, Arbeit über alles. Plötzlich war dies alles nicht mehr wichtig.
Ich richtete mich auf Heilung aus. Ich zog aufs Land und wollte die letzte Zeit nutzen, um innerlich aufzuräumen. Ich begann, mein Leben intensiv zu leben, im Bewusstsein, dass jeder Tag ein

Geschenk ist. Ich lebte nicht mehr das Leben meines Mannes, nicht das meiner Auftraggeber. Ich hörte auf zu funktionieren. Eine befreundete Ärztin unterstützte mich mental auf meinem Weg.
Nach einem Jahr waren keine Metastasen, kein Krebs mehr nachweisbar.
Kornelia[16]

Wenn man von solchen Wendungen des Schicksals liest, ist man tief berührt. Und gleichzeitig ist es eine wundervolle Ermutigung für uns, niemals die Kraft der eigenen Gedanken außer Acht zu lassen.

Wie gut man mit dem eigenen Körper reden kann, habe ich nur zu gut am eigenen Leib erfahren:
Als ich 17 Jahre alt war, hatte ich schulterlange blonde Haare. Das war mein ganzer Stolz und Ausdruck meiner jugendlichen Revolution. Es war die Zeit der Beatles und der Rolling Stones, die Zeit von Woodstock, Jimmy Hendrix und den Doors. Es gab die Byrds, die Mamas und Papas, die Beach Boys und mich. Ich war einer der wenigen in meinem Alter, die so langes Haar haben durften. Ich wurde beneidet und bewundert. Ich spielte Gitarre, hatte eine Band und war eingetaucht in die Freiheit der Flower-Power-Bewegung.
Und dann begann die Katastrophe ... Mir fielen die Haare aus! Ich hatte eindeutig den Beginn einer Glatzenbildung, einer ganz typischen Platte, was nicht nur grauenhaft aussah, sondern für mich als »Vorreiter« der Hippiebewegung ziemlich lächerlich wirkte. Ich war entsetzt, todunglücklich und am Boden zerstört. Ich suchte heimlich verschiedene Haarstudios in München auf,

wo man nicht erkannte, was der Grund des Haarausfalls war. In einem davon machte man mir den kostspieligen Vorschlag, wie man mir am besten neues Haar implantieren könnte.
In München gibt es eine eigene Haarklinik, in der ich mich mehrmals untersuchen ließ. Stets wurde festgestellt, dass ich eindeutig die Ausbildung einer Glatze hatte. Ganz normal, meinten die Ärzte. Allerdings in meinem Alter etwas früh.
Es gab Nächte der Tränen und der Verzweiflung. Ich konnte und wollte einfach nicht wahrhaben, dass der Ausdruck meiner Freiheitsbewegung der Lächerlichkeit preisgegeben werden sollte. Aber es war wohl nicht zu ändern.
Und dann passierte Folgendes:
Um etwas Geld zu verdienen und die psychologischen Kurse besuchen zu können, die damals für mich ansonsten unerschwinglich gewesen wären, half ich einigen Veranstaltern bei ihren Kongressen. So erlebte ich hautnah den Farbenpsychologen Lüscher sowie Konrad Lorenz, Erich von Däniken und viele andere. Auf diese Weise lernte ich auch einen Schamanen kennen, der bemerkte, dass ich eines Tages mit viel weniger Euphorie und Begeisterung bei der Sache war. Kein Wunder, ich war deprimiert. Nicht einmal meine Mutter, die ständig tröstend auf mich einredete, konnte mir bei diesen schwerwiegenden Sorgen helfen.
Als mich der Schamane nun fragte, was mich denn so bedrücke, zeigte ich ihm voller Vorwurf den runden Kreisel mitten auf meinem Kopf, umgeben von schulterlangen blonden Haaren.
Der Schamane sah mich mit großen erstaunten Augen an. Er konnte noch immer nicht erkennen, wo mein Problem war.

»Hier«, schrie ich mit Tränen in den Augen und deutete auf die kahle Stelle mitten auf meinem Kopf.
Der Schamane lachte nur und sagte: »Warum redest du nicht mit deinen Haaren?«
Ich fand diese Äußerung genauso deplatziert wie unmöglich und hatte eigentlich gar keine Lust mehr, die Unterlagen für ihn vorzubereiten.
Am nächsten Tag fragte er mich wieder, ob ich denn mit meinem Haar geredet hätte. Ich wollte gerade erneut entrüstet reagieren, da bemerkte ich, dass er überhaupt keinen Witz gemacht hatte, sondern es vollkommen ernst meinte. Er nickte nur und sagte: »Du kannst mit so vielen Menschen reden. Und ich hab dich beobachtet, du kannst sehr gut reden. Warum redest du nicht mir dir selbst? Warum glaubst du Ärzten oder Spezialisten mehr als dir selbst? Niemand hat auf uns einen größeren Einfluss als wir selbst. Ich würde die Verantwortung für meinen Körper niemals jemand anderem geben. Das würde ich schon immer selber in der Hand behalten wollen. Aber das ist natürlich deine Entscheidung.« Er lächelte und widmete sich wieder seiner Arbeit.
An diesem Abend begann ich, mit meinen Haaren zu reden, obwohl ich es anfangs etwas lächerlich fand. Ich sagte ihnen, wo sie wachsen sollten. Und ich stellte mir vor, wie sich dieser haarlose Kreis schließen würde. Es machte mir zumindest Mut.
Am nächsten Tag, am Tag der Abreise des Schamanen, sah er mich nur kurz an und erkannte in meinen Augen eine gewisse Zuversicht. »Gut«, meinte er, »du hast also begonnen.«
»Ja«, sagte ich und kam mir plötzlich überhaupt nicht mehr lächerlich vor.

»Gut«, sagte er, »aber denke daran, das ist erst der Beginn einer Reise. Es sind nur deine Haare. Vergiss es nicht. Es ist nur totes Gewebe. Was glaubst du, was du erst mit lebendem Gewebe anfangen kannst.«
Von da an redete ich jeden Abend und jeden Morgen mit meinen Haaren.
Und plötzlich, eine Woche später, sah man den ersten Flaum an der kahlen Stelle. Vierzehn Tage später gab es an dieser kreisrunden, flaumigen Stelle bereits einen kleinen »Mecki«. Einen Monat lang sah ich fast lustig aus, denn die kahle Stelle war zugewachsen, aber diese neuen Haare waren noch so kurz, dass sie wie ein Rasierbüschel mitten auf dem Kopf in die Höhe standen, während drumherum die schulterlangen Haare wuchsen. Ein halbes Jahr später war der ganze Spuk vergessen.
Heute, mit 55 Jahren, habe ich noch immer dichtes, volles Haar. Für mich nicht verwunderlich. Erstaunt bin ich eher über die Tatsache, dass ich den Vorgang von damals vollkommen vergessen hatte. Aus heutiger Sicht, mit dem heutigen Wissen, erscheint dies alles in einem ganz anderen Licht. Damals glaubte ich, der Schamane habe mir ein bisschen mit seinem magischen Zauber geholfen. Heute weiß ich, er hat mir nur beigebracht, an meine eigene magische Kraft zu glauben.
Auch wenn ich deinen Namen heute nicht mehr weiß, lieber Schamane, vielen Dank für deine wundervolle Lebenshilfe. Wer weiß, wie mein Leben ohne dich verlaufen wäre.

Obwohl ich dieses Ereignis so lange vergessen hatte, habe ich mir damals angewöhnt, stets mit meinem Körper zu kommunizieren.

Wenn wir uns Gesundheit wünschen, ist dies übrigens kein Wunsch, den wir nur einmal aussprechen und dann vergessen, sondern ein Wunsch, mit dem wir uns fortwährend beschäftigen sollten.

- Wollen wir rasch wieder gesund werden, gilt es nicht nur, uns Gesundheit zu wünschen, sondern unseren gesamten Körper durch Gedankenkraft zu stärken. Dies ist der eigentliche Katalysator für unseren Wunsch nach Gesundheit.
- Unterstütze dich selbst mit positiven Gedanken. Dann werden alle selbstzerstörerischen Befehle, die bisher an deinen Körper gerichtet wurden, nachlassen. Alle falschen Denkmuster der Vergangenheit können sich auflösen und werden durch eine neue, wunderbare Kraft ersetzt. Auf diese Weise kannst du schnell wieder gesund werden und es auch bleiben, da du deinen Körper ständig mit neuer, frischer, gesundheitsfördernder Energie speist.
- Stell dir ganz bewusst vor, wie es ist, wenn du bereits gesund bist. Sieh dich vor deinem inneren Auge herumspringen, Fahrrad fahren, Ball spielen, Ski fahren, tanzen, joggen, schwimmen, laufen oder Sex mit deinem Partner haben.
- Was immer dir Freude bereiten würde, solltest du dir in den buntesten Farben ausmalen. Dies stärkt und beschleunigt die Selbstheilungskräfte enorm, weil du dich in Resonanz mit dem gesunden Ereignis bringst.

Und falls du auf der Suche nach geeigneten Affirmationen bist, stöbere auf meiner Homepage oder lies im Buch »Wünsch es dir einfach – aber mit Leichtigkeit« nach. Dort habe ich dem Thema »Gesundheit« ein ganzes Kapitel gewidmet.

Die Anziehungskraft zwischen zwei Seelenpartnern

Wenn über das Grundsätzliche keine Einigkeit besteht, ist es sinnlos, miteinander Pläne zu schmieden.
Konfuzius

Eine glückliche und zufriedene Partnerschaft ist wohl – neben der Gesundheit – der am meisten gehegte Wunsch. Um den idealen Partner in unser Leben zu holen, gilt es natürlich auch hier, das passende Resonanzfeld aufzubauen.

Wie finden Mann und Frau überhaupt zueinander, sogar über Kontinente hinweg?
Ganz einfach: Die Anziehungskraft ist dafür ausschlaggebend. Entfernungen spielen dabei keine Rolle, ebenso wenig wie Klassenunterschiede, kulturelle Differenzen oder sonstige Hindernisse. Wenn zwei Menschen miteinander in Resonanz treten, sind alle scheinbaren Hürden überwindbar. Oft sind die beiden bereits auf dem Weg, ohne es zu ahnen, und sind dann völlig überrascht, wenn sie mit ihrem Traumpartner zusammenkommen.

Wenn zwei Menschen sich erkennen, erkennen sie in erster Linie sich selbst.

Wenn wir in Resonanz mit einem anderen Menschen treten, gibt es nur noch absolute Nähe. Man braucht keine Worte mehr zur Verständigung. In Resonanz mit einem anderen Menschen zu sein, ist die größte Erfüllung, die man erfahren kann. Wir sind endlich angekommen. Angekommen bei uns selbst. Denn in Wahrheit spüren wir »nur« uns selbst, in Wahrheit sind wir »nur« uns selbst nahegekommen. Der andere spiegelt sich in uns. Was wir als Liebe bezeichnen, ist das Erkennen der Liebe zu uns selbst, ist das Einssein mit sich und dem anderen.
Jedes Paar, das zusammenkommt, ist von Anfang an auf der Suche nach Gemeinsamkeiten. Je mehr sie davon finden, umso mehr glauben sie, zueinander zu gehören, umso mehr sind sie sicher, dass ihre Liebe von dauerhafter Natur sein wird.

In Wahrheit suchen wir immer uns selbst im anderen.

Empfinden wir grundsätzlich gleich mit unserem Partner, können uns selbst Krisen nicht auseinanderreißen oder Meinungsverschiedenheiten einen Riss in der Zugehörigkeit bewirken.
Jede Partnerschaft wird Krisen durchlaufen, vor allem wenn sie länger dauert. Krise bedeutet aber auch Katharsis und Heilung. Das ist der tiefere Sinn einer Krise. Wir werden erwachsen, wir heilen unerlöste kindliche Anteile. Das ist manchmal anstrengend und bedeutet oft eine starke Belastung für die Partnerschaft. Aber ein Paar, das in Resonanz ist, wird jegliche Belastungsprobe bestehen. Krisen werden gemeinsam gemeistert. Nichts auf der Welt kann das Zusammengehörigkeitsgefühl infrage stellen.

Wenn dagegen ein Paar zusammenkommt, das sich *nicht* in völliger Resonanz befindet, werden die beiden es ungleich schwerer haben, da sie dieses Band der absoluten Anziehungskraft nicht besitzen. Wenn sich ein Paar, welches sich *nicht* in Resonanz befindet, für einen gemeinsamen Weg entscheidet, ist der Weg ungleich schwerer. Beide spüren, dass ihnen diese Anziehungskraft fehlt. Und wenn sie fehlt, meinen sie oft, es würde ihnen an Liebe mangeln. In Wahrheit fehlt es an gleichschwingender Energie, dem Widerhall der Eigenschaften.

Warum ziehen wir in unserem Leben nicht gleich unseren Seelenpartner an?
Die Antwort liegt in uns selbst. Sehr oft ist unser Resonanzfeld gar nicht auf unseren Seelenpartner ausgerichtet. Manchmal bauen wir ganz andere Anziehungspunkte auf. Es geht uns eventuell mehr darum, sexuell befriedigt zu sein oder eine Form von finanzieller Sicherheit zu haben, oder wir können nicht alleine sein oder brauchen jemanden zum Reisen etc. Die Liste ließe sich beliebig fortsetzen. Vielleicht sind wir noch gar nicht so weit, absolute Nähe und Hingabe zulassen zu können. Vielleicht könnten wir einer so tiefen, verbindenden Liebe überhaupt nicht gerecht werden. Vielleicht würde sie uns Angst machen. Vielleicht hätten wir Sorge vor dem tiefen Fall, falls sie wieder zerbricht.
Sei also nicht ungerecht zu dir selbst. Wir lernen durch unsere Partnerschaften, und mit jeder Liebe werden wir zu einer größeren Liebe fähig – bis wir uns irgendwann trauen, unseren Seelenpartner in unser Leben einzuladen.

Wie baut man das Resonanzfeld für den idealen Partner auf?

Liebe kann man nicht verschenken,
wenn man sie nicht hat;
und man hat sie erst, wenn man sie verschenkt.
Aurelius Augustinus

In *Resonanz* zu sein bedeutet nichts anderes als im *Einklang* miteinander zu sein, also mit jemandem oder etwas auf der gleichen Wellenlänge zu schwingen. Das Gesetz der Resonanz geht davon aus, dass das, was zwischen zwei Menschen passiert, nur wechselseitig empfunden werden kann.

Das Prinzip der Resonanz kann nie einseitig geschehen.

Senden wir Energie aus, dann trifft sie zwangsläufig auf eine Energie, die ähnlich mit ihr schwingt. Und jedes Mal, wenn es passiert, wenn wir in Resonanz mit jemand anderem sind, fühlen wir uns leicht, heiter, beschwingt und manchmal sogar euphorisch.
Wenn starke Anziehungskräfte wirken, bedeutet dies aber noch lange nicht, dass wir unseren Seelenpartner gefunden haben, sondern einfach, dass hier eine sehr starke Ähnlichkeit vorhanden ist. Das kann bedeuten, dass wir in *gewissen* Dingen gleich denken oder fühlen, dass wir ähnliche Verletzungen oder Er-

fahrungen gemacht haben oder die gleichen sinnlichen Sehnsüchte teilen.
Wenn wir in Resonanz sind, können wir uns manchmal völlig überraschend zu jemandem hingezogen fühlen. Die Anziehungskraft kann sogar so stark sein, dass wir nicht mehr Herr unserer eigenen Gefühle sind. Es überwältigt uns. Wir können uns dem *nicht entziehen.* Die Anziehungskraft kann so intensiv sein, dass wir zittern, weinen oder beim bloßen Gedanken an die andere Person sexuell erregt sind. Unsere Gedanken kreisen nur noch um diese eine Person.
Und dann, ein paar Wochen später, empfinden wir plötzlich gar nichts mehr. Keine Spur von Anziehungskraft mehr. Auch die Magie, die uns erfasst hatte, ist plötzlich verschwunden und wir *wachen* langsam wieder auf. Manchmal verstehen wir dann nicht, wie wir noch vor wenigen Tagen so völlig anders empfinden konnten. Nicht selten beginnen wir sogar, an uns zu zweifeln. Oder wir machen uns große Vorwürfe.
In Wahrheit hat sich unser Resonanzfeld verändert. Oder das Resonanzfeld der anderen Person hat sich gewandelt und wir schwingen nicht mehr gleich mit ihr.

Sobald sich unser Fokus wieder auf andere Dinge ausrichtet, wir uns also verändern, lösen sich diese schwingungsgleichen Resonanzfelder auf und wir empfinden für die betreffende Person gar nichts mehr. Es sei denn, sie macht eine ähnliche Veränderung mit uns durch, transformiert sich also mit uns.
Basieren die gemeinsamen Resonanzfelder nur auf momentanen Gedanken und Wünschen und nicht auf tieferen, lang anhaltenden Ähnlichkeiten und Überzeugungen, wird der Bestand

der Partnerschaft auch nicht von Dauer sein. Deswegen ist es bei der Suche nach dem wahren Partner fürs Leben sehr wesentlich, die *richtigen* Resonanzfelder zu erzeugen, damit auch wirklich *die* Anziehungskräfte wirken, die uns einen Partner für eine wahre, tiefe Liebesbeziehung bringen.
Gerade der letzte Punkt ist für unsere Partnerwahl von großer Bedeutung. Denn wir sollten uns klarmachen, dass wir durch unser Resonanzfeld schon längst mit der restlichen Welt darüber kommunizieren.

Dein Resonanzfeld erzählt allen anderen alles – permanent und ungefragt.

Auf der nonverbalen Ebene gibt es keine Geheimnisse. Der stille Austausch geht durch alle Ebenen. Dein Resonanzfeld kommuniziert nicht nur über deine bewussten Anteile, sondern auch über deine unbewussten. Und das ist gut so. Denn nur auf diese Weise ziehen wir auch den idealen Partner an.

Der ideale Partner ist für uns mit Sicherheit derjenige, der unserer Persönlichkeit am ähnlichsten ist. Denn dann haben wir die gleichen Ziele, die gleichen Wünsche und die gleichen Sehnsüchte. Einen anderen Partner wollen wir gar nicht haben. Das bedeutet, die Struktur unserer Persönlichkeit gibt das Ergebnis bei der Partnerwahl vor und damit auch den Inhalt unserer Beziehung. Wir werden in unseren Partnerschaften zwangsläufig die Partner finden, die uns in vielen Teilen am meisten entsprechen – im Positiven wie im Negativen.
Hat uns die Vergangenheit zum Beispiel gelehrt, dass es für uns

am besten ist, wenn wir nur Körperlichkeit und nicht allzu viel Nähe suchen, werden wir jemanden anziehen, der genau diesem Muster entspricht. Wir werden in diesem Punkt mit unserem Partner die größte Übereinstimmung erzielen. Was wir dann wahrscheinlich bekommen werden, ist eine flüchtige Affäre ohne Tiefe und Vertrauen. Mehr war eben nicht »vereinbart«. Am Ende der Affäre wird uns die selbst gewählte Erfahrung natürlich wieder darin bestärken, dass allzu viel Nähe uns nur noch mehr verletzt hätte.

»Vielleicht gerät man auch unter Druck, weil der Partner unbedingt mehr von einem möchte. Aber die Verletzungen aus der Vergangenheit lassen intensivere Nähe nicht zu. Der Konflikt bringt einen so unter Druck, dass man entweder kneift und davonläuft oder aber über den eigenen Schatten springt und mehr Nähe zulässt. Jedenfalls wird man immer mit diesem Mangel in Berührung kommen. Auch wenn man es gar nicht will. Streit, Hass und Aggression werden entstehen. Schließlich ist es das – Angst vor Nähe –, mit dem man sich beschäftigen will. So sucht sich unser Resonanzfeld genau die Person aus, die uns auf unseren Mangel hinweist. Immer und immer wieder. Und das kann ziemlich weh tun.«[17]

Wie du aus diesem Kreislauf herauskommst? Jedenfalls nicht, indem du dir einen anderen Partner suchst, der dich »retten« soll. Oder indem du vorgibst, eigentlich ein anderer Menschen zu sein. Das gelingt dir allenfalls am Anfang einer Partnerschaft. Jemand anderer zu sein, ist ganz schön anstrengend. Also wird dir irgendwann die Puste ausgehen. Wahrscheinlich wirst du sogar sauer sein, weil du dich so anstrengen musstest. Und dann

holt dich dein wahrer Charakter wieder ein und du zeigst dich, wie du wirklich bist.
Das Gerechte ist aber nun, dass es deinem Partner ganz ähnlich ergeht. Auch er zeigt anfangs nur seine besten Seiten. Natürlich lässt sich diese *Show* ebenfalls nicht lange durchhalten. Und plötzlich stehen sich zwei Menschen gegenüber, die enttäuscht sind, weil sie wieder einmal nur das entdecken, was sie doch gerade vermeiden wollten.

**Es werden sich nur solche Menschen von dir angezogen fühlen,
die allen deinen Anteilen entsprechen.
Sie spiegeln dir genau das, was du aussendest.**

Und nun verstehen wir wohl auch, warum wir immer wieder die gleiche Art von Menschen anziehen, immer wieder auf die gleichen *hereinfallen,* immer wieder ähnliche Erfahrungen machen müssen. Erst wenn wir unser Resonanzfeld verändern, werden wir in der Lage sein, andere Partner in unser Leben einzuladen.

Am besten, wir betrachten einmal genauer, welche Resonanzfelder du zurzeit aufbaust. Das findet man relativ einfach heraus. Voraussetzung ist allerdings, dass du absolut ehrlich zu dir bist. Dein Resonanzfeld kannst du nicht betrügen.

- Überprüfe, welche Menschen derzeit um dich herum sind. Dann weißt du, welche Energie du gerade aussendest.
- Überprüfe deine Gedanken in Bezug auf Partnerschaft. Ist Partnerschaft etwas Wundervolles oder etwas Anstrengen-

des? Würde dich eine Partnerschaft bereichern oder glaubst du, Abstriche in deinem Leben machen zu müssen?

- Bist du wirklich offen und bereit oder gibt es irgendwo Vorbehalte?
- Gibt es etwas, das du nicht mehr erleben willst? Das sind die Situationen, die du anziehst, weil du sie noch nicht losgelassen hast. Du hältst sie noch energetisch in deinem Umfeld.
- Fällt es dir leicht, dir vorzustellen, mit einem Partner zusammen zu sein? Oder tauchen da auch störende Bilder auf? Diese störenden Gedanken und Bilder sind die Energien, die du am stärksten aussendest, da sie deine Überzeugungen sind. Erinnere dich: Überzeugungen werden vom Herzzentrum mit 5000-mal mehr Stärke ausgesandt als die Gedanken vom Gehirn.
- Was bist du bereit, in einer Partnerschaft anzubieten? Konntest du das bereits in früheren Partnerschaften anbieten? Durftest du dies also auch in anderen Partnerschaften erleben? Wenn nicht, sehnst du dich vielleicht danach, aber du lebst diese »Qualitäten« nicht wirklich. Dann sendest du nur diesen Mangel aus.
- Überlege dir, was dich ausmacht. Betrachte deine Stärken und Schwächen. Beginne, dich mit deinen Schwächen auszusöhnen, dann wird es auch dein künftiger Partner tun. Das bedeutet aber auch, dass du dir deiner Schwächen bewusst bist.
- Du kannst nur das in dein Leben ziehen, was du selber bist. Sobald du das akzeptierst, bist du authentisch und wirst einen Partner in dein Leben ziehen, der dir entspricht. Und vor allem einen, der sich ebenfalls nicht zu verstecken braucht.

- Bist du wirklich ein Beziehungsmensch oder folgst du einer Vorgabe, die du erfüllen möchtest, ohne zu wissen, ob *du* es wirklich willst?

Das Beste, was wir tun können, ist also, ganz ehrlich mit unseren Schattenseiten umzugehen, denn unser Resonanzfeld baut nicht nur unsere bewussten Wünsche auf, sondern auch unsere unbewussten.

Du kannst deinen Schattenseiten ziemlich rasch auf die Spur kommen. Finde einfach Fortsetzungen für die folgenden Sätze, und zwar ohne lange nachzudenken. Das Erste, was dir einfällt, ist immer richtig:

- »Ich habe Angst, dass ...«
- »Ich möchte nie wieder erleben, dass ...«
- »Ich finde an Partnerschaften schlecht, dass ...«
- »Ich mag Frauen/Männer nicht, weil ...«

Deine *Ängste* sind nichts anderes als deine *unbewussten Wünsche,* und wie wir wissen, üben Ängste eine wesentlich stärkere und dauerhaftere Anziehungskraft aus. Auch all das, was du *nie wieder* erleben willst, ist in deinem emotionalen Gefüge eingeprägt. Ebenso deine Überzeugungen über Partnerschaften und Meinungen über das andere Geschlecht. All das prägt deine Energie, die du aussendest.
Der Ausweg aus dieser negativen Schleife ist leichter, als wir denken, aber um das zu verstehen, betrachten wir zunächst einen weiteren sehr wesentlichen Aspekt unserer Schattenseiten.

Unsere Schattenseiten bestehen aus den Eigenschaften, die wir selbst nicht einbringen können.

Vielleicht wünschen wir uns sehnlichst, endlich tiefes Vertrauen erfahren zu dürfen, können selbst aber kaum vertrauen. Dann wird Misstrauen das sein, was wir in die Partnerschaft einbringen. Und weil Misstrauen in unserem energetischen Feld ist, ziehen wir durch unser Resonanzfeld natürlich genau so einen Partner an, der dieses Thema immer wieder zum Vorschein bringen wird – und zwar so lange, bis dieser Anteil geheilt ist.

Unsere Schattenseiten bestimmen also die Basis einer Partnerschaft in einem wesentlichen Maß. Von daher ist unsere Wunschliste – was wir in der Partnerschaft alles erleben wollen – vorerst gar nicht so wichtig. Viel wesentlicher ist die Frage:

Was bist du bereit, in eine Beziehung einzubringen? Was kannst du geben?

Möchtest du zum Beispiel, dass dein künftiger Partner immer ehrlich zu dir ist, so steht auf deiner Wunschliste sicherlich: »Absolute Ehrlichkeit.« Das ist deine Erwartung. Mit weniger bist du nicht zufrieden. Kein Schwindeln, kein Verschweigen, keine Untreue, keine Lügen, kein Zurückhalten, kein Hintergehen, keine Geheimnisse. So weit, so gut. Aber was du forderst, musst du auch selbst einbringen.
Also stellt sich die Frage: Kannst du das wirklich in einer Beziehung anbieten? Kein Schwindeln, kein Verschweigen, keine Untreue, keine Lügen, kein Zurückhalten, kein Hintergehen

und auch keine Geheimnisse? Entspricht das dem, wie du dich selbst siehst?
Es ist deine Forderung an dich selbst. Sonst wünschst du dir vielleicht ganz viel, kannst den Ansprüchen aber selbst nicht standhalten. Wünschst du dir absolute Treue oder vollkommene Ehrlichkeit, musst du sie ebenfalls bieten. Diese Anteile sollten in dir bereits ausgeprägt sein.
Die Wahrheit ist leider, dass wir über die meisten »Dinge«, die wir uns wünschen, nicht verfügen. Sonst würden wir sie uns ja nicht wünschen.

Wenn etwas nicht in unserem Besitz ist, haben wir nicht das richtige Resonanzfeld dafür aufgebaut.

Dann schwingt etwas anderes stärker in uns. Bei der Partnerwahl ist dies unser wahrer Charakter. Er ist der stärkste Sender. Er baut unser größtes Resonanzfeld auf. Aus diesem Grund bekommen wir immer nur das, was unserem wahren Charakter ähnlich ist. Unser Partner wird unserem Spiegelbild entsprechen. Denn es sind unsere eigenen unbewussten Überzeugungen, unsere Fähigkeiten oder Unfähigkeiten, die dieses Resonanzfeld aufbauen.

Wir bekommen als Partner immer uns selbst.

Wir bekommen stets genau jenes, was wir bereit sind, selbst einzubringen.
Du hast es vielleicht schon bemerkt: Hier befinden wir uns in einem interessanten Kreislauf. Zum einen fehlen uns die meis-

ten der Fähigkeiten, um all das in der Partnerschaft erfüllt zu bekommen, was wir uns wünschen. Zum andern benötigen wir aber eine Partnerschaft, um diese fehlenden Fähigkeiten ausbilden zu können, denn nur dort können wir Treue, Ehrlichkeit, Fürsorge, Nähe, Vertrauen, Sinnlichkeit, Geduld etc. erfahren, lernen und darauf aufbauen.
Ziemlich paradox: Wir haben keine Partnerschaft, weil uns vieles dazu fehlt. Um das Fehlende auszugleichen, brauchen wir aber eine Partnerschaft.

Wie kommen wir aus diesem Kreislauf heraus?
Im Grunde ist es ganz leicht. Meist sind gerade die einfachsten Methoden am wirkungsvollsten.

- Schreib deine Wünsche auf, und zwar alle! Ohne Vorbehalte. Die Liste kann endlos lang sein. Jedes noch so kleine Detail kommt in diese Liste hinein. Alle Sehnsüchte, alle Hoffnungen, alle noch so geheimen Vorstellungen.
- Der große Unterschied ist nun folgender: Wir wünschen uns *nicht,* dass unser künftiger Partner diese »Dinge« mitbringen soll. Es ist keine Forderungsliste an unseren künftigen Partner – nein, es ist *unsere Entwicklungsliste.* Es ist unser *Potenzial.* Unser gemeinsames *Ziel* in der Partnerschaft.
- Wir wünschen uns einen Partner, der genauso ist wie wir, ebenbürtig in all seinen angenehmen Seiten, aber auch ebenbürtig in all seinen Unfähigkeiten. Aber er soll ausgestattet sein mit der gleichen Sehnsucht, sich zu allen diesen Wünschen hin zu *entwickeln!*

Auf diese Weise ist unser Partner uns ebenbürtig. Er wird die gleichen Wünsche haben wie wir und an sich arbeiten wollen. Er wird von uns nicht erwarten, dass wir ihn retten oder all seine fehlenden Anteile ausgleichen; ebenso wenig erwarten wir dies von ihm. Wir brauchen uns nicht länger gegenseitig vorzuspielen, dass wir bereits alles können. Das nimmt dem Ganzen den Druck und die Erwartungshaltung. Wir dürfen so sein, wie wir sind. Wir sind authentisch.
Und plötzlich befinden wir uns in vollständiger Resonanz mit unserem Partner, wir schwingen gleich, haben die gleichen Ziele, die gleichen Sehnsüchte und brauchen uns nicht zu verstecken. Wir wissen, dass wir noch nicht perfekt sind, aber stark genug, uns gemeinsam auf den Weg zu machen. Beide Partner werden in diesem Punkt reifen und erwachsen werden. Beide wissen, worum es geht und woran sie arbeiten wollen. Man wird nicht immer perfekt sein, das ist absolut in Ordnung, aber man erwartet auch nicht, dass der Partner es ist. Darüber hinaus hat die künftige Beziehung eine Aufgabe, einen tieferen Sinn.

Der schnellste Weg, einen wundervollen Partner in unser Leben zu ziehen – einen Menschen, der uns entspricht, der uns versteht, der uns nah und vertraut ist und auch bereit ist, Unwegsamkeit zu meistern –, ist folgender:

Wir wünschen uns einen Partner,
der uns bei unserer Entwicklung begleitet.
Wir sind bereit, unseren Partner bei seiner
Entwicklung zu begleiten.

Wir kommen uns selbst erst dann nahe, wenn wir erkennen, dass vieles bei uns im Unreinen ist, dass wir nicht genial, außergewöhnlich oder vollkommen beziehungsfähig sein müssen, sondern mit vielen Fehlern behaftet sein dürfen. Erst dann darf uns auch unser Partner nahe sein. Vorher lassen wir ihn gar nicht nahe genug heran – aus Sorge, er könnte all unsere geheimen Verstecke aufstöbern und die Wahrheit entdecken. Auf diese Weise halten wir unseren Partner auf Distanz.

Erst wenn wir uns selber nahegekommen sind, gewinnt unser Partner Vertrauen, sich so zu zeigen, wie er ist. Erst dann kommen wir auch ihm nahe. Das Versteckspiel hat ein Ende.

Und endlich können wir uns Hand in Hand mit unserem Geliebten auf den gemeinsamen Weg machen und die Welt entdecken, weil wir unsere Kräfte nicht länger innerhalb der Partnerschaft verbrauchen. Das Leben wird leicht. Wir werden uns gemeinsam mit unserem Partner transformieren. Wir entwickeln uns zu einem wundervollen Seelenpartner.

In Resonanz mit dir selbst und deinen wahren Gefühlen

Wahres Glück
entsteht nicht durch Beschäftigung mit sich selbst,
sondern durch die Hingabe an ein lebenswertes Ziel.
HELEN KELLER

In deiner Welt kann nur das stattfinden, was du selber bist. Etwas anderes kannst du gar nicht wahrnehmen. Etwas anderes würdest du gar nicht anziehen oder dich davon angezogen fühlen.
Je schneller du mit dir selbst in Resonanz kommst, desto eher wird sich deine Welt auf eine Weise verändern, die du aus heutiger Sicht vielleicht noch als Wunder bezeichnen würdest.

Wenn wir nicht in Resonanz mit unserem wahren Wesen, unseren Gefühlen, Sehnsüchten und Wünschen sind, werden unsere Sehnsüchte sehr häufig von Ersatzbefriedigungen absorbiert. Gerade weil uns unsere Sehnsüchte nicht bewusst sind oder wir sie nicht voll und ganz akzeptieren, können sie sehr leicht ausgebeutet werden. Die Sehnsucht nach Glück zum Beispiel ist so ein Bedürfnis, das sehr schnell zu einem Spielball für andere wird. Inzwischen gibt es eine riesengroße Industrie, die es sich aufs Banner geschrieben hat, die Sehnsüchte von Menschen auszubeuten und daraus für sich Kapital zu schlagen. Attraktive

Kaufhäuser und Einkaufsparadiese lenken uns gezielt von den wahren, tieferen Sehnsüchten, die wir in uns tragen, ab und gaukeln uns vor, dass wir schnell zu unserem Glück finden, wenn wir der Verlockung erliegen. Nachdem dieses »Glück« nur vorgegaukelt ist, werden wir von einem Konsumrausch in den nächsten geschickt.
Sobald wir uns jedoch wieder in Resonanz mit unseren wahren Gefühlen befinden, ist es für uns ein Leichtes, zu erkennen, welche Dinge und Menschen unser Leben dauerhaft bereichern werden. Wir fallen nicht mehr auf alle Täuschungen herein, wir nehmen sie zum größten Teil sogar nicht einmal mehr wahr. Unser Bewusstsein filtert die Scheinangebote aus unserer Wahrnehmung komplett aus. Wir wissen zwar nach wie vor, dass dies alles um uns herum stattfindet, aber wir fühlen uns davon nicht mehr angezogen.

Wie kommen wir nun in Resonanz mit uns selbst?
Überprüfe deine Meinung über Folgendes:

- Was brauchst du, um glücklich zu sein?
- Okay. Und was brauchst du, um *wirklich* glücklich zu sein?
- Ohne was kannst du nicht leben?
- Was magst du an dir?
- Was darf niemand von dir wissen? Was »musst« du verheimlichen?
- Was verheimlichst du sogar vor dir?
- Wofür schämst du dich?
- Für was verurteilst du dich?
- Welche Qualitäten traust du dich nicht auszuleben?

Alle deine Antworten zeigen deine wahren Sehnsüchte und Ängste. Je mehr du sie ablehnst, desto weiter entfernst du dich von dir. Je mehr du zu ihnen stehst und je mehr du dich zu ihnen bekennst, desto authentischer wirst du.

Steh zu dir – mit allen Facetten deines Seins.

Wir alle haben unsere Schattenseiten. Aber wer bewertet sie als Schatten? Vielleicht ist gerade dort unser Licht zu finden. Womöglich verbirgt sich gerade dahinter unsere Kreativität, Heilung oder unsere Form des Überlebens.

Du bist wundervoll. Du bist einmalig.

Ja, du hast auf deiner Reise auch Ballast mitgenommen. Liebe dich für deinen Ballast. Liebe dich für deine Umwege. Das bist du. Das macht dich aus. Das macht dich zu einem Menschen – einem wundervollen Menschen. Wärst du perfekt, dann wärst du bereits erleuchtet und schon lange nicht mehr hier. Und ganz ehrlich, wer ist schon an einem perfekten Menschen interessiert? Perfekte Menschen treiben andere nur in Minderwertigkeitsgefühle.
Je besser du zu deinen *Schattenseiten* stehst, je eher du sie annimmst und sie in ein entspannendes Licht bringst, desto vollkommener wird sich das Gefühl von Glück einstellen.

Wenn du zu dir stehen kannst,
so wie du wirklich bist,
bist du bei dir angekommen.

Willkommen im Club der Unfertigen! Wenn wir nichts mehr vorspielen und behaupten müssen, finden all die Scheinkämpfe ein Ende. Wir können alle Menschen so lassen, wie sie sind.
Sei einfach du selbst. Es gibt kein größeres Geschenk. Es gibt kein größeres Geschenk als dich. Steh zu allen Ebenen deines Seins.

Die Kraft der Vorurteile nutzen

Menschen mit einer neuen Idee gelten so lange als Spinner,
bis sich die Sache durchgesetzt hat.
MARK TWAIN

Oft stellen wir uns die Frage, ob wir durch unser Resonanzfeld auch andere bewusst beeinflussen können. Können wir durch unsere Gedankenkraft andere sogar dazu veranlassen, ihr Verhalten zu ändern?

Vor Kurzem wurde im Fernsehen eine sehr interessante Untersuchung präsentiert: Inwieweit haben Vorurteile einen Einfluss auf künftige Leistungen?
Dabei versuchte man herauszufinden, wie Blondinen bei diesem Test abschneiden würden. Würden sie schlechtere Ergebnisse bringen als Frauen mit anderer Haarfarbe? Würden sie also das Vorurteil bestätigen, Blondinen seien einfältig oder gar dumm? Oder würden sie genauso gut abschneiden oder vielleicht sogar besser?
(Bevor du weiterliest, versuche die Frage einmal selbst zu beantworten.)

Das Untersuchungsergebnis ist jedenfalls genauso verblüffend wie einleuchtend: Lässt man Personen einen Test machen, ohne sie vorher auf irgendeine Art und Weise zu beeinflussen, schneiden sie genauso gut ab wie alle anderen. Fügt man diesem Test aber gleich zu Beginn eine tendenzielle Frage bei, zum Beispiel: »Sind Sie blond oder brünett«?, und lässt sie ankreuzen, dann öffnet dies die Erinnerung an all die Vorurteile, die man bisher im Leben gehört oder erduldet hat, und prägt tatsächlich das aktuelle Verhalten.

In diesem Fall schnitten die Blondinen, die eingangs mit Blondinen-Vorurteilen konfrontiert wurden, tatsächlich schlechter ab als Brünette oder Dunkelhaarige, aber auch als jene Blondinen, die den Test ohne diese anfängliche »Verunsicherung« absolvieren durften.

Noch gravierender zeigte sich die Wirkung von Vorurteilen auf die betroffenen Menschen bei einem Test, den man in den USA vorgenommen hatte: Schwarze Mitbürger mussten vor Beginn des Tests ankreuzen, ob sie weiß oder schwarz seien. Und tatsächlich schnitten diese Testpersonen wesentlich schlechter ab als andere dunkelhäutige Menschen, denen diese Frage beim gleichen Test nicht gestellt wurde.

Allein das Wachrufen von Vorurteilen lässt einen sofort in die eigene Falle laufen, auch wenn man dieses Vorurteil nicht wahrhaben will, es leugnet oder dagegen ankämpft. All das, was man jahrzehntelang regelmäßig zu hören bekommen hat, wird in diesem Moment sofort ausgelöst. Das heißt, wir resonieren sofort mit diesem Vorurteil und ordnen uns ihm unter.

Bewusst oder unbewusst nähern wir uns immer dem an, was man über uns sagt.

Die gleiche Untersuchung ergab: Wenn man Blondinen darin bestärken würde, was sie alles gut können, würden sie diese Handlungen wesentlich intensiver und besser ausführen, als es ihnen vorher möglich gewesen wäre.

- Wollen wir Prüfungen gut bestehen oder Tests erfolgreich hinter uns bringen, ist es sehr wesentlich, nicht nur uns selbst zu sagen, wie gut wir sind und dass wir alles schaffen können, sondern uns auch ein Umfeld zu suchen, das uns darin bestärkt.
- Lass dich von deinen Freunden oder der Familie mental unterstützen.

Man hat sogar herausgefunden, dass die Vorurteile nicht immer ausgesprochen oder deutlich gezeigt werden müssen. Es genügt, dass wir sie über jemanden *denken,* um eine Wirkung bei anderen zu erzeugen:

Vor Kurzem habe ich über einen Test eines Verhaltensforschungsinstitutes gelesen. Dort wurden einem Jungen mathematische Aufgaben vorgelegt. Vor dem ersten Test teilte man dem beaufsichtigenden Mathematiklehrer mit, dass der zu prüfende Junge ein Mathematikgenie sei. Der Lehrer war gegenüber dem Jungen während des ganzen Testes innerlich sehr wohlwollend eingestellt. Der Junge zeigte eine sehr gute Leistung, und sein Gehirn, das an Elektroden angeschlossen war, arbeitete ausgesprochen gut.
Beim zweiten Test wurde der Mathematiklehrer ausgetauscht, der Junge blieb derselbe. Diesmal sagte man dem Mathematik-

lehrer, dass der Junge lernbehindert sei. Schon als der Junge durch die Tür trat, um sich zum Test hinzusetzen, maßen die Elektroden eine Blockade in seinem Gehirn. Allein durch dieses Vorurteil, das der Mathematiklehrer dem Jungen gegenüber hegte, entstand im Gehirn des Jungen eine messbare Blockade. Die Elektroden zeigten deutlich an, dass das Gehirn plötzlich nur noch reduziert arbeitete. Und natürlich schnitt der Junge bei diesem Mathematiktest nicht mehr so gut ab.

Vorurteile sind nichts anderes als starke, zielgerichtete Überzeugungen, die die Kraft haben, Einfluss auf andere Menschen auszuüben – allein durch das Aussenden von Energie.

Wir können andere Menschen durch unsere Meinung über sie hemmen oder fördern.

Wie kraftvoll diese Meinung über andere sein kann, zeigt auch ein Test, den ich des Öfteren bei meinen Seminaren mache. Er stammt aus der Kinesiologie und wird gerne vom Mentaltrainer einer Fußball-Bundesligamannschaft genutzt, um den Spielern zu zeigen, wie sehr sich ihre eigene Meinung auf die anderen Mitspieler auswirkt.

Für diesen Test bitte ich eine Person, nach vorne zu kommen und den Arm waagrecht zu heben. Als Erstes teste ich die Grundkraft. Dazu soll die Person den Arm kraftvoll oben halten, während ich gleichzeitig versuche, den Arm nach unten zu drücken. Je nachdem, wie »stark« die Person an diesem Tag ist, gelingt es gut oder eben weniger gut.

Anschließend stelle ich mich hinter die Person, damit sie mich

nicht sehen kann, und zeige den Seminarteilnehmern, was sie über die Person denken sollen: Zeigt mein Daumen nach oben, sollen alle Beteiligten im Saal nur das Beste und Wundervollste über sie denken; zeigt mein Daumen nach unten, sollen sie nur das Schlechteste und Schlimmste von ihr annehmen.
Was nun geschieht, verblüfft alle Seminarteilnehmer jedes Mal aufs Neue: Weist der Daumen nach oben – wohlgemerkt hinter dem Rücken der Testperson – und denken alle über diesen Menschen wundervolle Dinge, bleibt der Arm kraftvoll oben und ich schaffe es beim besten Willen nicht, den Arm nach unten zu drücken. Zeigt der Daumen nach unten, genügen bereits zwei Finger, um den Arm nach unten zu drücken. Alle Kraft ist verschwunden.

**Denken wir über eine Person positiv, stärken wir sie.
Denken wir negativ über sie, schwächen wir sie.**

Diese Erkenntnis wird inzwischen auch im Hochleistungssport genutzt.
Der Mentaltrainer der Fußball-Bundesligamannschaft zeigte in einer Fernsehsendung, wie stark sich die jeweilige Meinung der Spieler untereinander auf die Leistung auswirkt. Glauben die Mitspieler über einen anderen Spieler, er schaffe es, den Pass anzunehmen, oder sind sie überzeugt, dass ihm ein Dribbling gelingt oder er dazu in der Lage ist, ein Tor zu schießen, dann wirkt sich dies auf seine Leistung aus. Allein durch die Meinung der anderen gewinnt er an Zutrauen, an Kraft und tatsächlich auch an Können.

»Positive« Vorurteile können sich also durchaus förderlich auswirken, zum Beispiel wenn wir unserem Partner vertrauen oder unserem Kind unsere ganze Zuversicht schenken. Aber auch hier gilt: Vortäuschen nützt nichts. Das Resonanzfeld kann man nicht betrügen. Nur wenn wir wirklich daran glauben und von den Fähigkeiten des anderen überzeugt sind, kommt die geschenkte Kraft beim anderen an.

- Schenken wir unserem Kind unser Vertrauen an seine eigene Kraft, wird es an seine eigenen Fähigkeiten glauben.
- Sind wir voller Zuversicht in das Können unseres Partners, wird seine eigene Zuversicht in sein Potenzial zunehmen.
- Täuschen wir dies nur vor, werden wir genau das Gegenteil erleben.

Wir haben es in der Hand, unser Umfeld zu verändern. Wir beeinflussen es bereits durch unsere Meinung.

- Überlege, wem du dein Vertrauen schenkst.
- Wen förderst du mit deinen Gedanken?
- Wen behinderst du durch Missachtung oder Misstrauen?
- Sieh dir dein Umfeld an. Wie könntest du an der Entwicklung, die es angenommen hat, beteiligt sein? Entspricht es vielleicht deinen unbewussten Erwartungen?

Wir steuern unser Umfeld mit unseren Überzeugungen wesentlich mehr, als wir denken.
Möchtest du deine Liebsten ändern, ändere deine Meinung über sie. Möchtest du Harmonie in deiner Familie, dann glau-

be daran, dass diese Harmonie stattfinden kann. Strahle diese liebevolle Energie aus und du wirst sehen, dass deine Mitmenschen die Wahl haben, auch anders zu reagieren als in den eingefahrenen Mustern. Wenn du deine Meinung über andere Personen änderst, haben sie die Chance, andere Seiten von sich zu zeigen.

Vor allem aber ändern sie auch ihre Meinung über dich. Denn Gleiches zieht Gleiches an. Gleichschwingende Resonanzfelder ergänzen sich. Und plötzlich bekommst du ebenfalls Kraft und Vertrauen von anderen geschenkt.

Je mehr wir geben, desto mehr bekommen wir.

Warum also nicht einmal die Kraft der Vorurteile *positiv* nutzen?

Kann man durch positives Denken die Welt nachhaltig verändern?

Wenn wir alles täten,
wozu wir imstande sind,
würden wir uns wahrscheinlich in Erstaunen versetzen.
Thomas A. Edison

Wir können also mithilfe unserer eigenen Schwingung das Resonanzfeld anderer verbessern. Aber können wir sogar noch einen Schritt weiter gehen? Können wir durch unsere inneren Überzeugungen nicht nur die Qualität Einzelner beeinflussen, sondern vielleicht sogar einer ganzen Gruppe von Menschen? Die Antwort ist ein entschiedenes »Ja«!
Wie machtvoll unser Denken ist und wie wenig Menschen man benötigt, um die gesamte Umwelt zu verändern, ist inzwischen reichhaltig dokumentiert. Hier nur stellvertretend zwei Versuche, die für ziemlich viel Furore gesorgt haben:

Bereits 1972 wurde unter Anleitung von Maharishi Mahesh Yogi in über 24 nordamerikanischen Städten mit mehr als 10 000 Einwohnern eine sehr interessante Studie durchgeführt. Er hatte erklärt, dass Gewalt und Verbrechen eindeutig zurückgehen würden, wenn in der jeweiligen Gemeinde nur *ein* Prozent der Bevölkerung eine ganz bestimmte Meditationstechnik, die sogenannte Transzendentale Meditation, anwenden würde. Diese

Meditation besteht darin, eine innere Erfahrung von Frieden herzustellen. Maharishi ging davon aus, dass sich dieser innere Frieden, den die Teilnehmer der Meditation in sich erzeugen würden, zwangsläufig auch in der Umgebung widerspiegeln würde.

Die Ergebnisse waren mehr als beeindruckend: Obwohl an dieser Studie nur jeweils ein Prozent der Bevölkerung teilnahm, war die Veränderung deutlich messbar. Solange die Meditation anhielt, gingen die Straftaten nachweislich zurück. Es gab weniger Einbrüche, weniger Diebstähle, weniger Gewalt und sogar weniger Unfälle. Selbst die Notaufnahmen der Krankenhäuser hatten weniger zu tun.

Und zwar nicht etwa nur in *einer* Stadt. Nein, dieses Ergebnis wurde in allen 24 Städten festgestellt. Es handelte sich also eindeutig um keinen Einzelfall. Obwohl man die Ergebnisse wissenschaftlich nicht erklären konnte, ließen sie sich nicht leugnen. Dieses Phänomen wird seitdem als »Maharishi-Effekt« bezeichnet.

Einige Jahre später führte das »International Peace Projekt in the Middle East« ein ähnliches Projekt durch. Die absolut erstaunlichen Resultate wurden 1988 im »Journal of Conflict Resolution« veröffentlicht.

Auch in diesem Versuch bat man Personen, die in der Transzendentalen Meditationstechnik ausgebildet waren, zu meditieren und inneren Frieden herzustellen. Allerdings waren diesmal die Bedingungen ungleich schwerer. Anfang der Achtzigerjahre hatten die kriegerischen Auseinandersetzungen zwischen dem Libanon und Israel gerade ihren Höhepunkt erreicht und

schockten die Welt durch ihre Grausamkeiten. Und genau in diesem Krisengebiet sollte der Versuch stattfinden. Für diesen Zweck brachte man die Teilnehmer dieses Versuches an ganz bestimmten Tagen zu ganz bestimmten Zeiten in die Kriegsgebiete. Und tatsächlich, das Ergebnis war wiederum absolut verblüffend:
Während sich die Teilnehmer in ihre Meditation versenkten und inneren Frieden herstellten, reduzierte sich die Anzahl der Verbrechen und Terroranschläge. Sogar die Verkehrsunfälle nahmen ab und die Notaufnahmen der Krankenhäuser hatten nachweislich weniger zu tun.
Sobald die Teilnehmer des Versuches ihre Meditation jedoch beendet hatten, nahm alles seinen üblichen Verlauf.
Bei diesem Versuch registrierte man alle Möglichkeiten, die die Ergebnisse hätten beeinflussen können. Man beachtete die Feiertage, die Wochentage und sogar die Mondzyklen. Man nahm die Versuche auch an Tagen vor, an denen sich die Anzahl der Anschläge und Unfälle hätte erhöhen müssen. Dennoch sanken sie jedes Mal zu den Zeiten der Versuche. Die Ergebnisse waren so klar und eindeutig, dass die beteiligten Wissenschaftler sogar zweifelsfrei bestimmen konnten, wie groß die Anzahl der jeweiligen Teilnehmer sein musste, damit der in der Meditation erzeugte innere Frieden sich auch im Außen niederschlagen konnte.
Das wirklich Erstaunlichste daran: Es sind weniger Menschen nötig, als man vermuten würde. Man braucht nur die Quadratwurzel von einem Prozent der Bevölkerung, auf die man einwirken möchte. Klingt kompliziert, ist aber ganz einfach. Bei einer Bevölkerung von einer Million sind das 100 Menschen.

- Eine Stadt mit 1 Million Einwohner benötigt nur 100 Menschen, um von ihnen beeinflusst zu werden.
- Unsere gesamte Weltbevölkerung von rund 6 Milliarden Menschen benötigt nur etwa 8000 Menschen, um beeinflusst zu werden.

Wenn nur ein kleiner Teil der Bevölkerung in sich selbst Frieden erzeugt, spiegelt sich dieser Frieden *messbar* in unserer Umwelt wider.
Für die Quantenphysik und die Bioenergetik ist das durchaus erklärbar. Für sie zeigen die Ergebnisse dieser Versuche, was sie seit Langem annahmen, und zwar, dass sich die Kraft unserer inneren Überzeugungen potenziert, wenn eine Gruppe eine gemeinsame Überzeugung annimmt und diese nach außen strahlt.

Unsere Überzeugungen können die Welt verändern.

Unsere Überzeugungen tun dies ständig. Auch jetzt in dieser Sekunde. Aber wovon sind wir überzeugt? Wie viele von uns glauben, dass wir in der großen weiten Welt mit all ihrer Komplexität, ihren Problemen und den vielen Bewohnern auf dieser Erde nichts mehr ausrichten können? »Was kann schon ein Einzelner ausrichten gegenüber sechs Milliarden?«
Natürlich können wir erst mal so denken. Es erscheint sogar naheliegend. Aber wir sollten wissen, dass auch dies nur eine *Überzeugung* ist. Und Überzeugungen haben die Kraft, die Welt zu formen.

Wenn wir uns der allgemeinen Meinung anschließen, all die Probleme dieser Welt seien nicht mehr in den Griff zu bekommen, wir rauschten mit hohem Tempo abwärts, die Gewalt werde immer weiter zunehmen etc., dann arbeiten wir durch unsere Überzeugungen ziemlich bewusst an dieser Entwicklung mit. Wir bauen an dieser Welt des Schreckens und der negativen Erwartungshaltung mit.

- Übernimm nicht einfach die Meinung anderer und erkläre sie nicht leichthin als für dich gültig, denn diese Meinung wird durch dich weitergetragen. Denk mit deinem eigenen Kopf.
- Bist du überzeugt, dass du etwas ausmachst in der Welt, wirst du bald immer mehr Menschen treffen, die der gleichen Überzeugung sind.
- Denke immer daran: Es genügen bereits 100 Menschen, um eine Gruppe von einer Million in ihrem Verhalten zu verändern.

Wie kraftvoll eine Gruppe gleichgesinnter Menschen sein kann, die gemeinsam zu einer bestimmten Tageszeit wünschen oder an positive Dinge denken, kann man auf meiner Website sehen. Dort gibt es seit Längerem ein Forum, in dem sich jeder mit jedem austauschen kann. Schon ziemlich rasch kam ein Teilnehmer auf die Idee, einen eigenen Wunschtag für die Mitglieder einzuführen, also einen Zeitpunkt, an dem alle gleichzeitig an ihre Wünsche denken und positive Energie aussenden. Immer freitags um 20 Uhr »treffen« sich dort alle Mitglieder, verbinden sich mental miteinander und lassen ihre gemeinsame Wunschkraft wirken. Anschließend erzählen sie sich gegenseitig, was sie gefühlt haben und wie es ihnen dabei erging. Das Feedback ist berührend, erstaunlich und wunderschön. Alle sind glücklich und beseelt und haben diese außergewöhnliche Kraft sogar körperlich gespürt. Diese Rubrik ist übrigens diejenige, die am häufigsten gelesen wird. Ein gemeinsames Bewusstsein entstehen zu lassen, geht schneller, als man denkt.

Also ja! Du bist wichtig!
Du machst etwas aus in dieser Welt!
Was genau, das kannst nur du entscheiden.

Wie Fußspuren im Sand
verbleiben die Abdrücke
längst vergangenen Lebens in uns.

Obwohl jener, der sie verursacht hat,
längst woanders neue Spuren hinterlässt,
sind die Abdrücke noch immer in uns.

Wir selbst hinterlassen ständig, jeden Tag,
solche Spuren,
auch in uns selbst –
ohne sie bewusst wahrzunehmen.
Dennoch bestimmen sie unser Denken, Fühlen
und unsere Überzeugungen.

Anstatt die Spuren aus unserer Seele zu löschen,
leben wir sie noch immer nach:
in unseren Träumen, Sehnsüchten
und unbewussten Wünschen.

Aufgestellt auf unserer eigenen Bühne,
veranlassen wir unsere Mitspieler,
unser Szenarium nachzuspielen.
Ein Szenarium, das in unsere Welt passt –
auch wenn es nicht unsere eigene ist,
auch wenn sie uns gar nicht gefällt.

Es sind nur Spuren vergangener Zeiten,
die wir nicht loslassen wollen.

Wie kann man alte Überzeugungen transformieren?

Ganz gleich, wie beschwerlich das Gestern war,
stets kannst du im Heute von Neuem beginnen.
Buddha

Wenn Wünsche nicht eintreffen, gibt es meist einen zweiten unbewussten Wunsch, der stärker ist als der erste. Dieser zweite Wunsch arbeitet dann mit Sicherheit gegen den ersten, und zwar dauerhafter und mit einer wesentlich größeren Kraft. Dieser zweite, gegenläufige Wunsch verkleidet sich oft in Form eines Zweifels oder einer anderen festen Überzeugung. Die meisten dieser störenden Überzeugungen stammen gar nicht von uns.

»Sehr oft sind es die Überzeugungen unserer Eltern, Großeltern oder unserer Geschwister. Manchmal auch unserer Lehrer, Freunde und Bekannten. Nicht selten sind es auch die Überzeugungen unseres Pfarrers, des Kindergartens, der Schule, des Fernsehens, der Werbung, der Illustrierten ... Es sind meist deren Meinungen und Moralvorstellungen. Genau genommen hat jeder, der in unserem Leben in irgendeiner Art und Weise eine entscheidende Rolle gespielt hat, an unserem Glauben Anteil. Vor langer, langer Zeit, als wir auf die Welt kamen, und natürlich noch lange bevor wir überhaupt zu denken begonnen haben, wurde uns bereits beigebracht, wer wir sind und wie wir uns in dieser Welt zu verhalten haben.«[18]

Uns wurde vor allem beigebracht, was falsch und was richtig ist, was als schön und was als hässlich zu bewerten sei, was gut und was schlecht sei und welche Moralvorstellungen wir zu übernehmen hätten.
Wir lernten bereits sehr früh, zu bewerten und zu verurteilen. Was wir heute verurteilen, basiert meistens auf der Moral und den Wertvorstellungen unserer Eltern, Bekannten, Schullehrer und Freunde. Es sind meist deren Glaubenssätze und Visionen, die wir noch heute nachzuleben versuchen. Wir bewerten aber nicht nur andere. Wir bewerten auch uns selbst. Und zwar meist auf die gleiche Weise, wie unsere Eltern uns gesehen haben.
Und so kommen zu all diesen Glaubenssätzen noch all jene, die wir über uns selber denken, zum Beispiel: »Ich werde es nie richtig machen. Ich habe nie Geld. Ich bin ein Versager. Ich bin nicht schön genug. Das steht mir nicht zu. Ich kann sowieso nichts ausrichten. Ich glaube nicht, dass das noch etwas wird. Die anderen sind viel besser, klüger, schneller.«
Wenn man dies oder Ähnliches denkt, sollte man sich fragen, wer uns diese Sätze von Anfang an so lange vorgebetet hat, bis wir sie als eigene Wahrheit übernommen haben.
Um diesen alten – und teilweise ins Unterbewusstsein verdrängten – Glaubensmustern auf die Schliche zu kommen, ist es sehr nützlich, sie aufzuschreiben:

- Zunächst schreiben wir die Sätze auf, die man uns als Kind immer wieder vorgeworfen hat – also all das, was wir negativ in Erinnerung haben. All die furchtbaren, demütigenden und verletzenden Sätze, die wir als Kinder hören mussten. »Das kannst du nicht, lass mich das besser machen, dafür bist du zu blöd, du taube Nuss, so wie du aussiehst, wirst du nie einen Mann finden.«

- Lass dir Zeit. Jeder kennt solche Sätze, erinnere dich einfach und notiere sie.

Diese Liste kann sehr lang sein. Aber keine Sorge, du bist nicht allein, jeder von uns hat eine umfassende Liste. Obwohl die Torpedierung mit den meisten dieser Sätze bereits lange zurückliegt – manchmal dreißig, vierzig oder sogar fünfzig Jahre –, ist es immer wieder erstaunlich, wie stark die Aussagen noch heute, obwohl wir doch bereits erwachsen und so »reif« sind, in uns wirken und unser gesamtes Leben beeinflussen.
Allein das Aufschreiben dieser Sätze bringt oft längst Vergrabenes wieder zum Vorschein, von dem man geglaubt hatte, all das doch längst hinter sich zu haben. Aber bei genauerer Betrachtung wird man sehr oft erkennen, dass es genau diese Aussagen sind, die noch immer tief in uns wirken. Weil wir nach wie vor – manchmal völlig unbewusst – vom Wahrheitsgehalt der unbedachten Sprüche unserer Eltern überzeugt sind, holen wir uns immer wieder die Bestätigung unserer (vermeintlichen) Unzulänglichkeit in unser Leben.

Auch ich habe viele solcher Sätze zu meiner Wahrheit werden lassen. Schon der allererste Satz meiner Mutter, als sie mich frisch geboren im Arm hielt, hatte viele Jahrzehnte Bestand. Kaum war ich auf der Welt, begrüßte sie mich – wie sie mir später ziemlich beschämt gestand – mit folgenden Worten: »Der Schönste bist du ja nicht gerade.«
Dieser Satz wurde für viele Jahre zu meiner Wahrheit und sorg-

te für gewaltige Minderwertigkeitsgefühle. Meine Mutter hatte es sicherlich nicht böse gemeint und dennoch war diese Meinung prägend. Sie wurde zu meiner Wahrheit. Wenn andere mich später attraktiv, sexy oder gut aussehend fanden, glaubte ich ihnen nicht. Wenn mich dagegen jemand in der Meinung bestärkte, ich sei ja eher ein Charaktertyp, da ich schließlich nicht besonders gut aussähe, konnte ich mich dieser Meinung vorbehaltlos anschließen.

Du bist nicht alleine mit allen deinen von den Eltern übernommenen Sätzen, die zu deiner Wahrheit geworden sind.
Es kann sein, dass du beim Schreiben deiner Liste traurig oder wütend wirst oder dich müde und schlapp fühlst. Lass alle Gefühle zu, die hochkommen. Alle diese Gefühle trägst du seit langer, langer Zeit mit dir herum.

- Nachdem du alle diese Sätze aufgeschrieben hast, die dein Leben bestimmt haben, beginnst du, sie ins Positive umzuformulieren. Sätze wie »Das kannst du nicht« könntest du zum Beispiel abändern in: »Ich kann alles, was ich möchte.« »Du findest nie einen Mann« wird zu »Ich bin ein Geschenk für jeden Mann!« »Du bringst nur Unglück!« wird zu »Ich bin ein Geschenk für jeden, der in meinem Leben ist!« »Du bist zu dick« wird zu »Ich liebe mich so, wie ich bin.«

Wenn wir diese Sätze positiv umwandeln, geschieht etwas sehr Tiefgreifendes. Unser Verstand beginnt sich neu einzustellen. Wir lernen, dass es eine Alternative zu dem gibt, was wir bisher als »wahr« angenommen haben.

Wenn wir uns nun noch die Frage stellen: »Wer hat das damals zu uns gesagt?«, werden wir oftmals feststellen: Die Person, die uns diese Sätze vorgeworfen hat, hat vermutlich gar nicht uns persönlich gemeint, sondern war selbst in verschiedenen Mustern gefangen; sie hat nur sich selbst gesehen. Vielleicht war sie in eigenen Problemen gefangen, war überarbeitet, ungeduldig, steckte in einer Krise mit dem Partner, in finanziellen Schwierigkeiten oder war vollkommen überfordert mit der Situation.
Oft wiederholen Erwachsene, zum Beispiel unsere Eltern, nur die Sätze, die sie selbst immer gehört haben, als sie Kinder waren. Sie hatten keine anderen Mittel als die, die man ihnen auf den Weg mitgegeben hat. Und so haben sie das einfach auf ihre Kinder – also auf uns – übertragen.

Wir können jetzt aus diesem Kreislauf aussteigen. Sobald wir annehmen können, dass wir gar nicht gemeint waren; dass man uns in unserer kindlichen Kreativität, Neugier, Lebendigkeit und dem Potenzial, das wir in uns trugen, nicht erkannt hat; dass unsere Eltern infolge ihrer Überforderung sehr oft nur versucht haben, ihre Ruhe zu haben ... Sobald uns dafür die Augen aufgegangen sind, fällt es uns wesentlich leichter, uns von diesen Sätzen zu distanzieren. Dabei helfen uns die ins Positive umformulierten Sätze.
Wir haben jetzt die Chance, die alten, negativen Muster zu transformieren, sprich: sie loszulassen. Dies geht am einfachsten, wenn wir keinen Groll gegen die Personen hegen, die uns diese Sätze vorgeworfen haben, sondern wenn wir diese Sätze *voller Liebe und Zuneigung* den Urhebern zurückgeben.

- Stell dir vor deinem geistigen Auge vor, wie du die Liste der negativen Sätze an die Person aushändigst, die sie dir vorgeworfen hat, und wie du dich umdrehst und einfach weggehst.

Wir sollten dabei bedenken, dass die Menschen, die uns damals diese Sätze eingeimpft haben, das Beste taten, was sie tun konnten. Zu mehr waren sie nicht fähig. Das bedeutet nicht, dass sie gute oder schlechte Menschen sind. Sie sind eben Menschen mit Fehlern und Begrenzungen. Damals wussten sie es einfach nicht besser.

**Solange wir noch Groll und Wut mit uns herumtragen,
können wir uns von negativen Mustern
und Glaubenssätzen nicht lösen.**

Deswegen ist es das Beste, sich auf die positiven Sätze zu konzentrieren und zu fokussieren.

- Spüre die Kraft und die Freude, die von dieser positiven Entsprechung ausgeht. Identifiziere dich damit und du wirst merken, wie die Wirkung der negativen Mustersätze immer mehr nachlässt und wie sie sich allmählich aus deinem Leben verabschieden.
- Am wirkungsvollsten ist hier ein kleines Ritual, bei dem du die alten Mustersätze, die du aufgeschrieben hast, an einem sicheren Ort verbrennst.
- Und während du dies tust, spüre tief in dir, wie du die alten, nicht mehr gültigen Muster loslässt. Lass alle Gefühle, die in

diesem Zusammenhang in dir entstehen, aufsteigen und aus deinem Leben gehen.

- Fülle die entstandene Leere nun mit deinen positiven Affirmationen. Konzentriere dich darauf.
- Sprich sie laut und deutlich aus. Lass sie zu deiner neuen Überzeugung werden. Je mehr du in ihre Kraft hineinspürst, desto schneller baut sich das erwünschte Resonanzfeld auf.

Wir können unser Leben ändern, manchmal sogar von heute auf morgen. Wesentlich ist, dass wir für einige Zeit dieser neuen Erfahrung Zeit und Raum schenken. Wir sollten die neu definierten Überzeugungen so lange wiederholen, bis sie sich tief in unserem Bewusstsein verankern.
Die Veränderung tritt manchmal schneller ein, als wir vermuten.

Eine meiner Seminarteilnehmerinnen teilte mit, dass sich ihr Leben noch am gleichen Abend, nachdem wir die alten Mustersätze gemeinsam verbrannt und sie durch neue, positive ausgetauscht hatten, komplett verändert hat. Ihr Mustersatz war, sie sei nicht liebenswert und sei es überhaupt nicht wert, dass man zärtlich oder nett zu ihr ist. Und so befand sie sich in einer Ehe, in der ihr Mann ihr genau dieses immer wieder spiegelte, indem er ihr die Zärtlichkeit vorenthielt.
Am nächsten Tag erzählte sie uns mit strahlenden Augen: Ohne dass sie ihrem Mann mitgeteilt hatte, was sie energetisch am vergangenen Seminartag getan hatte, habe er sie gestern Abend nach sehr, sehr langer Zeit vollkommen ungefragt in den Arm genommen, sie zärtlich gestreichelt und sie sogar weiterhin im

Arm gehalten, als sie weinte. Und am Morgen sei sie in seinen Armen aufgewacht.

Wenn wir unser Resonanzfeld verändern, verändert sich unsere gesamte Umwelt. Wir brauchen dazu oft keine Worte. Viel effektiver ist es, sein eigenes energetisches Resonanzfeld, seine Schwingung, zu verändern. Damit lösen wir nicht nur unsere Muster auf, sondern beeinflussen auch die Verhaltensweisen unserer Mitmenschen. Und plötzlich verändern sich Situationen, dass es wie ein Wunder anmutet. In Wahrheit wissen wir aber, dass es keine Wunder sind. Dahinter stehen nur unsere eigene Bereitschaft und unser Mut, uns zu verändern und zu transformieren.

Mit jedem Vergeben findet ein Neuanfang statt

Verantwortlich ist man nicht nur
für das, was man tut,
sondern auch für das, was man nicht tut.
Laotse

»Loslassen ist gar nicht so leicht«, sagen viele. Ja, zugegeben. Aber oft hindert uns nur ein einziger Aspekt daran, Altes loszulassen: Es ist das »Nicht-vergeben-Können«.
Wir können oder wollen nicht vergeben – schon gar nicht denjenigen, die uns tief verletzt haben. Allein aus diesem Grund können wir die Vergangenheit nicht auf sich beruhen lassen. Wir wollen, dass diejenigen, die uns das alles angetan haben, dafür bezahlen müssen. Die schlechte Nachricht ist aber, dass sie es nicht tun werden. Die Konsequenzen tragen nur wir selbst.

Wir behindern uns so lange, unser Leben zu leben, bis wir vergeben haben.

Das ist weder gut noch schlecht. Kein Mensch kann uns dazu zwingen, anderen etwas zu vergeben. Allerdings zahlen wir dafür einen hohen emotionalen Preis.
Denken wir zum Beispiel sehr oft an Verletzungen oder Ungerechtigkeiten, die wir erlitten haben, und schaffen wir es nicht,

sie loszulassen, werden wir immer und immer wieder ähnliche Verletzungen oder Ungerechtigkeiten in unserem Leben erleben, weil wir sie durch das Gesetz der Resonanz regelrecht in unser Leben ziehen.
Die wirklichen Auswirkungen dieser Verletzungen haben alleine *wir* zu tragen, auch wenn dies ungerecht erscheinen mag. Auch wenn wir meinen, dass dieser Mensch, der uns so Schlimmes zugefügt hat, dafür büßen müsste.
Wahrscheinlich ist derjenige, dem wir nicht vergeben können, längst über alle Berge. Vielleicht hat er schon alles vergessen, ein neues Leben begonnen und lebt durchaus glücklich.

Wenn wir nicht loslassen können und unsere Trauer und Rachegedanken beibehalten, zahlen wir die Rechnung dafür ganz alleine. Wir bleiben in diesem Resonanzfeld gefangen und unser gesamtes Umfeld wird sich danach ausrichten. Die Welt wird uns ungerecht erscheinen. Vielleicht erfahren wir sogar noch mehr Ungerechtigkeit, die uns darin bestärkt, wie unfair die Welt ist. Vielleicht hören wir von ganz vielen traurigen Geschichten, die uns darin bestärken, dass nicht nur unser Erleben, sondern das Erleben vieler anderer ebenso verläuft. Man wird also viele Gleichgesinnte finden, denn ... Ja, Gleiches zieht Gleiches an.
Letztendlich ist es immer unsere ganz eigene Entscheidung, welches Resonanzfeld, also welche Wahrnehmung der Welt, wir für uns aufbauen wollen.
Wir alle kennen Menschen, die seit Jahren, manchmal seit Jahrzehnten, manche von ihnen sogar ein ganzes Leben lang, nicht vergessen oder losgelassen haben. Wir können dieses

Nicht-vergeben-Können sogar oft an der gesamten Physiognomie des Menschen ablesen. Jahrelange Verbitterung gräbt sich ins Gesicht ein. Sehr oft spulen diese Menschen permanent die gleichen Platten ab, gefangen in Gedankenschleifen, die keiner mehr hören möchte. Wir alle kennen solche Menschen, die immer einsamer werden und sich immer mehr absondern. Meist gesellen sich zu ihren Gedanken auch noch Krankheiten hinzu.

Willst du einer von ihnen werden?
Nun gut, man hat dir übel mitgespielt. Vielleicht war es ungerecht und gemein, tief verletzend und sogar bösartig. Aber möchtest du diesen Menschen noch immer – heute und bis an dein Lebensende – so viel Macht über dich und dein Dasein verleihen?
Vergeben hat immer etwas mit uns selbst zu tun. Wenn wir nicht vergeben, entscheiden wir uns, nicht weiterzugehen! Wir bleiben stehen und räumen den anderen Menschen Macht über unser Leben ein. Vielleicht sind sie schon lange tot oder verbringen mit anderen Partnern ein glückliches Leben. Nur wir sind noch immer in der Schleife der Unversöhnlichkeit gefangen.

Wenn du anderen nicht vergibst,
haben sie noch immer Macht über dein Leben.
Willst du das?

Solange du nicht vergibst und die alten Verletzungen nicht loslässt, werden keine neuen, wundervollen Erfahrungen in deinem Leben geschehen. Du bleibst im Resonanzfeld von Rache und Trauer gefangen und ziehst weiterhin nur solche Ereignisse in dein Leben.

- Deswegen ist es sehr wesentlich, dass wir uns nach einer gewissen Zeit der Trauer (die uns natürlich zusteht, denn nur über die Trauer können wir die betreffenden Eindrücke loslassen) wieder neu im Leben ausrichten und voranschreiten, neue Visionen aufbauen und dem Alten, Vergangenen keine Kraft mehr geben, denn sonst bestimmt es unser heutiges Leben.

Manchmal liegen die Verletzungen Jahrzehnte zurück, wir haben womöglich sogar den ursprünglichen Grund vergessen, halten aber immer noch an der Emotion fest. Sehr oft sind diese Gefühle diffus und schwer zu fassen. Insofern ist es hilfreich, sich die Verletzungen, die man im Lauf des Lebens erlitten hat, zu vergegenwärtigen. Dies können wir am besten, wenn wir sie aufschreiben.

- Schreibe all deine Verletzungen, die du in deinem Leben erfahren hast, auf. Sei nicht überrascht, wenn sich durch das Aufschreiben viel an aufgestauter Energie löst. Es kann sein, dass du erneut in deine Wut oder deine Traurigkeit gehst. Lass sie zu und bewerte sie nicht.
- Schreibe jedes Detail auf. Vielleicht war es nur für andere unwichtig, für dich aber sehr wesentlich.
- Begrenze dich nicht. Alles was hochkommt, hat seine Berechtigung.
- Lass dir Zeit. Vielleicht benötigst du mehrere Tage dafür.

Wenn du dich damit zu beschäftigen beginnst, öffnen sich auch längst verschüttete Kanäle der Erinnerung.

- Sei dir bewusst, dass jeder Mensch unzählig viele Verletzungen angesammelt hat. Du bist nicht alleine.
- Betrachte nun die Liste in aller Ruhe. Vieles davon wird vielleicht weit zurückliegen. Manches hattest du fast vergessen. Und dennoch hat es dich nicht losgelassen und dein Leben bestimmt.
- Und nun stelle dir folgende Frage: Wem von den Menschen auf dieser Liste möchtest du noch immer Macht über dein Leben geben? Und wen glaubst du loslassen zu können?
- Mache Häkchen bei den Menschen und Ereignissen, die du gerne aus deinem Leben verabschieden möchtest. Verabschieden bedeutet, frei zu werden. Mit jedem Vergeben findet ein Neuanfang statt.
- Entscheide, an welchem Thema du noch festhalten möchtest. Sei dabei offen und ehrlich. Es hat keinen Sinn, sich etwas vorzumachen. Das Resonanzfeld lässt sich nicht betrügen.
- Wem oder was immer du vergeben kannst, entlässt du aus deiner Liste. Schneide sie einfach mit einer Schere heraus.
- All die Papierstreifen legst du nun in eine feuerfeste Schale und verbrennst sie an einem sicheren Ort. Stell dir dabei vor, wie du dich bei den betreffenden Menschen für all die lehrreichen Lektionen in deinem Leben bedankst. Du entlässt sie ohne Groll aus deinem Leben. Sei dankbar, diese Erfahrungen gemacht zu haben. Du bist dadurch reifer und bewusster geworden. Du verabschiedest dich von diesen »Wegbegleitern« voller Liebe und Zuneigung und wünschst ihnen ein wundervolles Leben.

- Spüre, wie es dich befreit, wie du aufatmest, wie es neue Räume öffnet.
- Gehe mit diesem neuen Bewusstsein schlafen.

Sei nicht verwundert, wenn sich in den nächsten Tagen vielleicht der eine oder andere aus der Vergangenheit bei dir meldet. Andere spüren energetisch sehr schnell, wenn man sie aus seinem Leben entlässt. Nimm das als ein gutes Zeichen, wie wirkungsvoll deine Arbeit war. Und vielleicht hast du sogar Interesse daran, dich weiteren Personen auf deiner Liste zu widmen.
Je schneller du loslässt, desto rascher wird sich dein Resonanzfeld verändern und es werden bisher unbekannte Eindrücke oder Angebote auf dich zukommen. Lass dich auf sie ein, auch wenn sie ungewohnt und neu sind. Schließlich hast du jetzt die Möglichkeit, endlich neue Wege zu gehen. Und dazu gehören auch neue Schritte.

Die Vergangenheit verändern

Wer in der Zukunft lesen will,
muss in der Vergangenheit blättern.
André Malraux

Die Vergangenheit lässt sich – so behaupten viele – nicht ändern, die Zukunft aber schon.

Unsere Zukunft entsteht aber zum größten Teil aus unserer Vergangenheit. Also wäre es doch ganz gut, wenn wir wenigstens ein bisschen auf unsere Vergangenheit einwirken könnten.

Können wir auch, sagen die Quantenphysiker und haben dies bereits eindrucksvoll bewiesen. Diese neuen Erkenntnisse werde ich sicher in einem zukünftigen Buch aufgreifen, aber an dieser Stelle sei ein kleiner Aspekt hervorgehoben:

Wir wissen im Grunde längst, wie wir unsere Vergangenheit verändern und daraus eine neue, uns angenehme Zukunft bauen können. Genau genommen tun wir dies sogar ständig. Leider verändern wir unsere Vergangenheit aber sehr oft zu unserem Nachteil und beeinflussen damit auch unsere Zukunft negativ.

Wie ist das möglich?

Wie wir alle wissen, gibt es keine absolute Wahrheit. Es gibt nur eine subjektive Wahrheit. Jeder von uns wird also das gleiche Erlebnis vollkommen anders in seiner Erinnerung haben. Napoleon Bonaparte sagte einmal: »Geschichte ist die Lüge, auf die die meisten Menschen sich geeinigt haben.« So beruht auch unsere Erinnerung auf einer subjektiven Wahrnehmung der Vergangenheit, auf die wir uns – mit uns selbst – geeinigt haben. Sie muss nicht der tatsächlichen Wahrheit entsprechen. Oftmals sind Szenen nur in unserer Vorstellung so abgelaufen, weil wir sie subjektiv so empfunden haben. Vielleicht haben wir uns in bestimmten Punkten unserer Vergangenheit verletzt, gedemütigt oder zurückgewiesen gefühlt und aus dieser Empfindung heraus alles andere auf diese Weise beurteilt.

Wer Tagebuch schreibt, kann diese Erfahrung nachempfinden, denn selbst die Erinnerung an ein Ereignis verändert sich, wenn man es aufschreibt. Manchmal beschönigt man es auch oder will es einfach anders sehen, als es sich ereignet hat.

Die Erinnerung verändert sich auch, wenn wir ein Erlebnis immer und immer wieder erzählen. Es bekommt von Tag zu Tag eine etwas andere Färbung. Es wird schöner und bunter, wenn wir anderen davon berichten. Wir fügen Sätze hinzu, die wir angeblich gesagt haben, flechten kluge Argumente oder Handlungen ein und werden immer mehr zu kleinen Helden. Oder wir malen die negativen Dinge, die uns passiert sind, in noch drastischeren Farben aus.

Unbewusst verändern wir also bereits tagtäglich unsere Vergangenheit, unsere ganz eigene persönliche Geschichte, denn mit der Zeit fangen wir an, unseren eigenen Worten und unserer Version der Geschichte zu glauben.

Mit dieser gewandelten Form der Erinnerung identifizieren wir uns heute und resonieren damit. Wir nehmen sie an und lassen sie immer mehr zu unserer eigenen *Wahrheit* werden. Dieses – durchaus menschliche – Verhalten ist nun sehr wesentlich für unsere Zukunft.

John Wheeler, Princeton-Physiker und Kollege von Albert Einstein, hat festgestellt, dass wir bereits durch das bloße *Beobachten* von Dingen verändernd auf deren Verhalten einwirken. Er kam zu dem Schluss, dass bereits die reine Beobachtung schöpferisch wirkt.
Kein Wunder. Zu allem, was wir betrachten, haben wir bereits eine vorgefasste Meinung, ein Gefühl oder eine Überzeugung. Wir bewerten. Und dieses Bewerten genügt, um Resonanzfelder aufzubauen, durch die wir mit der Welt in Verbindung treten.

Wenn wir unser Leben betrachten, unsere Leistungen und unsere Karriere, unsere größten Erfolge und Niederlagen, unsere Partnerschaften und Beziehungen, unseren Wohlstand oder unsere Existenznöte, dann sehen wir zum einen in den Spiegel unserer Überzeugungen, mit denen wir in der Vergangenheit all das haben entstehen lassen. Zum anderen erschaffen wir gleichzeitig bereits Neues – je nachdem, wie wir das Vergangene beurteilen und bewerten.

Durch das Betrachten unserer Vergangenheit verändern wir unsere Zukunft.

Diesen schöpferischen Prozess könnten wir natürlich bewusst einsetzen, indem wir Vergangenes neu abspielen lassen. Oder anders gesagt, indem wir es in Gedanken transformieren.
Wir könnten uns zum Beispiel ganz bewusst allein auf die Stärken der jeweiligen Situationen zurückbesinnen: Was haben wir daraus gelernt? Wie stark sind wir daraus hervorgegangen? Zu welchen weiteren Schritten hat uns dies geleitet? Könnten wir

heute dieses Leben führen, das wir heute führen, wenn damals alles anders verlaufen wäre? Würden wir heute diese Kraft oder dieses Durchhaltevermögen besitzen?
Durch die Krisen und die Dramen, die wir überwunden haben, wurden wir zu dieser wundervollen Person, die wir heute sind. Gerade die vergangenen Dramen oder Niederlagen haben uns oft die Augen geöffnet, haben uns wieder dorthin geführt, von wo wir mutig und tapfer neue Schritte gehen konnten.
Ein Leben ohne Niederlagen gibt es nicht. Ein Leben ohne Probleme oder Schwierigkeiten gibt es nur in unserem Anspruchsdenken.

Das Leben stellt uns viele Hürden auf. Aber Hürden sind nichts Negatives, auch wenn wir dazu neigen, sie als solche zu betrachten. Hürden helfen uns, stärker und kraftvoller zu werden. Nur wer viele Probleme und Krisen in seinem Leben gelöst hat, kann sich relativ sicher und ruhig neuen Herausforderungen stellen und sie mit Leichtigkeit überwinden.

Vergangene Krisen stellen ein großes Potenzial für uns dar.

Wir müssen sie nur richtig betrachten, damit wir nicht an alten Verletzungen hängen bleiben, sondern das Potenzial nutzen, das sich für uns daraus entwickelt hat.
Erst dann verwandeln wir unsere eigene Geschichte, unsere Vergangenheit, in eine kleine Erfolgsstory. Und diese Geschichte ist nicht einmal gelogen, sie entspricht der Wahrheit. Wir haben es geschafft. Wir sind wundervoll, außergewöhnlich, großartig, sind immer wieder aufgestanden und haben uns vorwärtsbe-

wegt. Wenn wir unser Leben auf diese Weise betrachten, erkennen wir, dass wir uns jedes Mal weiterentwickelt haben.
Und plötzlich haben wir dieses Potenzial zur Verfügung. Wir resonieren mit dem Erfolg unseres eigenen Lebens. Das heißt, wir senden unser Potenzial von Erfolg ins Universum und ziehen nach dem Gesetz der Resonanz weiteren Erfolg in unser Leben.

**Unsere Zukunft verändert sich
durch die Betrachtungsweise unserer Vergangenheit.**

- Erkenne, welche Fähigkeiten du aus deiner Vergangenheit heraus entwickelt hast.
- Betrachte deine Stärken, die du durch die Bewältigung der Krisen bewiesen hast.
- Welche neuen Wege und Fähigkeiten haben sich daraus ergeben?
- Was alles hättest du nicht erlebt, wenn es in deinem Leben nicht auch eine Niederlage gegeben hätte?
- Schreibe all das auf, was dich stark gemacht hat.
- Schreib deine eigene kleine Erfolgsstory. Schreib die wundervolle Geschichte deines Lebens. Du bist der Held in dieser Geschichte. Du hast so manches Unmögliche geleistet, hast es geschafft, immer wieder aufzustehen und Größe zu beweisen. Du hast Hürden überwunden, Probleme bewältigt.
- Sei stolz auf dich.
- Vervollständige deine Erfolgsgeschichte, sooft dir etwas einfällt. Beschäftige dich damit.

- Je mehr du dich mit deiner Erfolgsgeschichte beschäftigst, desto größer wird das Resonanzfeld eines erfolgreichen Menschen. Und dieser Mensch bist du!

Die Vergangenheit lässt sich also ändern, vor allem im Hinblick darauf, was wir aus ihr machen. Unsere Zukunft gestaltet sich aus der Betrachtungsweise unserer Vergangenheit. Welchen Nutzen wir aus dieser Erkenntnis ziehen, liegt ganz allein in unserer eigenen Entscheidungskraft.

- Entscheide dich jetzt, in diesem Moment, ein vollkommen neues Resonanzfeld aufzubauen.
- Diese Kraft steckt in dir, sie war schon immer in dir. Vielleicht hat sie bis heute nur geschlummert und darauf gewartet, von dir erweckt zu werden.

Wenn du dich in Resonanz mit deinen wahren
Wünschen befindest,
brauchst du nicht zu kämpfen
oder übertrieben viel Kraft aufzuwenden.
Du bist getragen von Leichtigkeit und Glück.
Du bist geborgen in deiner eigenen Fülle.
Genau das steht dir zu.

Überfordere dich nicht

Was vor uns liegt und was hinter uns liegt,
ist nichts im Vergleich zu dem,
was in uns liegt.
Und wenn wir das, was in uns liegt,
nach außen in die Welt tragen,
geschehen Wunder.
HENRY DAVID THOREAU

Beginne dein »neues Leben« behutsam und mit liebevoller Geduld, damit du dich nicht selbst komplett überforderst. Gehe lieber Schritt für Schritt in die geplante Veränderung.

Beginne vor allem mit den Vorhaben, die dir leichtfallen, denn dadurch gewinnst du Mut für die größeren Pläne. Verliere deine Ziele nie aus den Augen, aber fühle dich auch nicht verpflichtet, sie auf der Stelle anzugehen. Wenn du deine künftigen Vorhaben ständig in deinen Gedanken lebendig hältst, musst du nichts erzwingen, sondern es werden sich auf spielerische Weise neue Möglichkeiten ergeben, Türen öffnen oder Menschen an deine Seite treten, die dir bei deinem Vorhaben behilflich sind.

Wenn wir in Resonanz mit unseren Wünschen stehen, werden wir zwar auch Entscheidungen treffen und neue Schritte wagen, aber es wird uns wesentlich leichter fallen. Wer jedoch glaubt, sofort alles auf einmal ändern zu müssen, dem kann passieren, dass er sich überfordert, weil er mit seinen Wünschen noch gar nicht mitgewachsen ist und die transformierten Resonanzfelder nicht bewusst aufrechterhalten kann.

Natürlich können wir alles erreichen und alles in unser Leben ziehen, aber nicht immer ist das ersehnte Ziel auch glückbringend für uns. Manchmal werden wir dem eigenen Anspruch nicht gerecht; das Gefühl von Minderwertigkeit oder das Gefühl, nicht geliebt zu werden, verhindert das eigentliche Glück. Gehen wir dagegen Schritt für Schritt vor, wachsen wir mit unseren Aufgaben. Wir entwickeln uns mit unseren in die Wege geleiteten Veränderungen selber weiter und erreichen oftmals schneller als geahnt die Ergebnisse, die wir bisher für unmöglich hielten. Vor allem aber sind wir glücklich. Wir sind auf dem Weg dorthin glücklich und wir sind auch am Ziel glücklich. Wir finden am Ziel wieder neue Vorhaben, weil wir uns weiterentwickelt haben und wir für unseren weiteren Weg neue, spannende und größere Visionen entdecken.

Wir sind ständig in Bewegung und werden es immer sein. Das einzig Sichere in unserem Leben ist die Veränderung.
Aber wir können die Veränderungen in unserem Leben beeinflussen und lenken. Das ist wie beim Autofahren: Letztendlich bereitet das Fahren Freude, nicht nur das Erreichen eines Zieles. Ansonsten würden wir während der ganzen Fahrt leiden.
Haben wir aber bereits Freude, wenn wir unterwegs sind, und fühlen wir uns sicher am Steuer unseres Lebens, können wir unser Leben bewusst in jede Richtung lenken, die wir uns wünschen.

- Um dir ganz klar zu werden, was du in deinem Leben verändern oder entwickeln willst, ist es sehr hilfreich, all die Dinge oder Eigenschaften aufzuschreiben, die du gern in deinem Leben verwirklichen möchtest.
- »Think big!« Begrenze dich nicht, egal wie »schwer« oder »unmöglich« die gewünschten Veränderungen in deinem Leben auch sein mögen.
- Schreibe alles auf, und zwar so detailliert und präzise wie möglich, am besten so genau, dass innere Bilder in dir entstehen.
- Suche den größeren Bogen in deinem Leben.
- Denke in Zyklen: Wo willst du in zehn Jahren sein? In zwanzig Jahren? Schenke dir die schönste Vision von dir, die du dir vorstellen kannst.
- Resonanzfelder, die wir für lange Zeit aufrechterhalten, entwickeln eine ungeheure Kraft. Denk an die Langzeitwirkung!

Unsere tiefste Angst ist nicht,
dass wir unzulänglich sind.
Unsere tiefste Angst ist,
dass wir unermesslich machtvoll sind.
Es ist unser Licht, das wir fürchten,
nicht unsere Dunkelheit.

Wir fragen uns: »Wer bin ich denn eigentlich,
dass ich leuchtend, hinreißend,
begnadet und fantastisch sein darf?«
Wer bist du denn, es nicht zu sein?

Du bist ein Kind Gottes.

Wenn du dich klein machst, dient das der Welt nicht.
Es hat nichts mit Erleuchtung zu tun,
wenn du schrumpfst, damit andere um dich herum
sich nicht verunsichert fühlen.

Wir wurden geboren, um die Herrlichkeit Gottes zu
verwirklichen, die in uns ist.
Sie ist nicht nur in einigen von uns,
sie ist in jedem Menschen.

Und wenn wir unser eigenes Licht erstrahlen lassen,
geben wir unbewusst anderen Menschen die Erlaubnis,
dasselbe zu tun.

Wenn wir uns von unserer eigenen Angst
befreit haben,
wird unsere Gegenwart ohne unser Zutun
andere befreien.

Marianne Williamson

Einfach nur danke

Liebe Freunde, ich danke euch für euer wundervolles Vertrauen, das ihr mir mit euren Mails und Briefen entgegenbringt, und hoffe, dem auch weiterhin gerecht zu werden.

Ein wahres Geschenk beschenkt immer beide.
Und ihr beschenkt mich reichlich.
Herzlichen Dank dafür!

Mehr Informationen über mich und die aktuellen Aktivitäten findet ihr auf meiner Website.
Wer meinen 14-tägigen (kostenlosen!) Newsletter beziehen möchte, kann sich gerne auf meiner Homepage eintragen oder mir eine kurze Mail schicken.
www.pierrefranckh.de

Dort gibt es auch ein sehr umfangreiches Forum, in dem sich Gleichgesinnte austauschen können.
Viel Spaß dabei.

Pierre Franckh gibt auch Wochenendseminare

- Wie komme ich in Resonanz mit meinen Wünschen?
- Wie wünsche ich richtig?
- Wie baue ich am schnellsten ein *positives* Resonanzfeld auf?
- Wie verleihe ich meinen Wünschen Kraft?
- Wie erkenne ich meine unbewussten Resonanzfelder?
- Was torpediert meine bewussten Wünsche und was kann ich daran ändern?
- Wie wird man seine Zweifel los?
- Wie spüre ich all meine Glaubensmuster auf?
- Wie räume ich den inneren Weg frei, um meine Wünsche zuzulassen?
- Wie schaffe ich es, meine Wünsche zu verwirklichen?
- Wie kann ich mein Leben so gestalten, dass es für mich wundervoll wird?
- Wie schaffe ich es, in meinem Leben glücklich zu sein?
- Wie verwirkliche ich meine Ziele in Beruf und Partnerschaft?

Das Eingehen auf persönliche Fragen und Anliegen während des Seminars gibt einen tieferen Einblick in die eigenen Verhaltensweisen des bisherigen Wünschens und zeigt Möglichkeiten auf, wie man aus dem Kreislauf der einengenden Muster aussteigen und neue Lebensqualität gewinnen kann.
Wenn wir einmal die Kraft des Wünschens und damit die persönliche Macht gespürt haben, Dinge in unserem Leben nach unserem Willen zu verändern, erhalten wir nicht nur unser Selbstwertgefühl zurück, sondern auch das Gefühl, eine aus-

geglichene Person zu sein. Beginnen wir, unsere Wünsche und Ziele erfolgreich umzusetzen, dann fühlen wir uns glücklich. Wir fühlen uns als aktiven Teil der Welt, die wir nach unseren Wünschen gestalten. Wir gehen heraus aus der ohnmächtigen Abhängigkeit von anderen und hinein in die eigenständige Unabhängigkeit.

Der Aufbau von positiven Resonanzfeldern verändert unsere ganze Welt: unser Erleben, unsere Betrachtungsweise, unsere Wahrnehmung, unsere Partnerschaft und die Liebe zu uns selbst.
Sobald man einmal das Prinzip des erfolgreichen Wünschens nicht nur verstanden hat, sondern auch tatsächlich erfahren hat, *wie* und *dass* es funktioniert, wird sich das ganze Lebensgefüge ändern.
Wunder geschehen jeden Tag. Warum nicht auch bei dir?
Alle Termine findest du auf der Website von Pierre Franckh: www.pierrefranckh.de

Coach-Ausbildung

Die *Erfolgreich wünschen* Coach-Ausbildung mit Pierre Franckh richtet sich an alle, die als Coach arbeiten möchten bzw. beabsichtigen, dieses Training in ihr bisheriges Beratungsangebot zu integrieren.
Coaching ist eine spannende und herausfordernde Arbeit. Sie können Menschen in ihrer beruflichen und persönlichen Entwicklung unterstützen und zugleich an deren Veränderungen teilhaben.
In der Coach-Ausbildung und in der späteren Arbeit werden auch Sie sich verändern und entwickeln.
Nur wer selbst einen Coaching-Prozess durchlaufen und sich dabei weiterentwickelt hat, kann erfolgreich coachen. Mit dieser umfassenden Ausbildung erhalten Sie genau das Rüstzeug, um Menschen professionell und umfassend zu unterstützen.

Ausbildungstermine: jeweils 5 Intensivseminare
Ausbildungsdauer: 1 Jahr
Nähere Informationen: www.pierrefranckh.de
oder
W. Gillessen
Schönstr. 72b
81543 München
Tel.: 089/68 07 07 02
E-Mail: wgillessen@t-online.de

Anmerkungen

1 Epigenetik beschäftigt sich mit Mechanismen, welche die Genaktivität regulieren.

2 Wer ausführlich über die aufregenden Entdeckungen lesen möchte, kann dies auf der Website des HeartMath Institutes tun: *www.heartmathbenelux.com/index.php?lang=de*

3 Aus: Gregg Braden, *Im Einklang mit der göttlichen Matrix* – mit freundlicher Genehmigung des KOHA Verlags

4 Matthäus 21,21–22

5 Das Testergebnis wurde in einem Artikel veröffentlicht: *Local and Non Local Effects of Coherent Heart Frequencies on Conformational Changes of DNA.*

6 Jede/r Einsender/in eines persönlichen »Wunsch-Erlebnisses« bekommt als Dankeschön zwei signierte Buchexemplare, wenn seine/ihre Geschichte in dem betreffenden Buch abgedruckt wurde.

7 Das hat der Mathematiker John G. Cramer, Professor für Physik an der University of Washington in Seattle, USA, bereits 1980 entdeckt. In der Zwischenzeit ist dies alles nicht

nur bestätigt und dokumentiert, sondern auch weiterentwickelt worden.

8 Aus: Jörg Starkmuth, *Die Entstehung der Realität*

9 dto.

10 Beim Milliardenprojekt »Large Hadron Collider« wollen Forscher mit einer 27 Kilometer langen Teilchenkanone 150 Meter tief unter der Erde den Urknall erforschen. Die gesamte ringförmige Anlage muss dafür auf minus 271 °C gekühlt werden. Erst bei diesen tiefen Temperaturen können die 1800 Spezialmagnete die nötige Feldstärke erzeugen. Die neue Supermaschine der Elementarphysik ist nicht ungefährlich, denn obwohl die schnellen Atomkerne nicht einmal ein Milliardstel Gramm wiegen, haben sie beschleunigt etwa so viel Energie wie ein 800-Tonnen-Güterzug bei Tempo 100. Mit haushohen Messinstrumenten – 46 Meter lang und 25 Meter hoch – versucht man, alle Messungen zu erfassen und aufzuzeichnen. Und wieder einmal geht es »nur« um Energie. Denn das ist das eigentliche Rätsel. Nach dem heutigen Verständnis hätte nach dem Urknall nur noch Energie übrig bleiben dürfen und keine Materie. Beim Urknall müssen zunächst Materie und Antimaterie zu gleichen Teilen erzeugt worden sein, und diese hätten sich anschließend gegenseitig wieder komplett vernichten sollen. »Die Frage ist also letztlich: Warum sind wir überhaupt da? Das ist völlig mysteriös«, meint auch der Münchner Physikprofessor Siegfried Bethke, der an diesem Projekt beteiligt ist.

11 Aus: Jörg Starkmuth, *Die Entstehung der Realität*

12 dto.

13 Matthäus 8,13

14 Siehe *http://idw-online.de/pages/de/news221768*

15 Lateinisch *placebo* = ich werde gefallen; *nocebo* = ich werde schaden.

16 Aus: Pierre Franckh, *Wunschgeschichten für die Seele.* – In diesem Band sind viele wundervolle, Mut machende Erfolgsgeschichten zu finden, die Pierre Franckhs Leserinnen und Leser beim Wünschen erlebt haben.

17 Aus: Pierre Franckh, *Glücksregeln für die Liebe*

18 Aus: Pierre Franckh, *Einfach glücklich sein. 7 Schlüssel zur Leichtigkeit des Seins*

Pierre Franckh
Das Gesetz der Resonanz
Affirmationen

CD 60 min.
€ 12,95
ISBN 978-3-86728-072-3

Affirmationen sind positive, bejahende Überzeugungssätze, mit denen wir unser Unterbewusstsein neu »programmieren«. Immer wieder gedacht oder gesprochen, wandern sie tief in unser Unterbewusstsein und entwaffnen Zweifel und negative Glaubenssätze. So verstärken wir unsere Lebensziele und bauen das ideale Resonanzfeld für unsere Wünsche auf.
Sayama hat diese Affirmationen mit Tibetischen Klangschalen, Gongs und Keyboards unterlegt, deren Grundschwingung auf den Ton F des Platonischen Jahres eingestimmt sind. Sie fördern damit das heiter-geistige Prinzip im Menschen und den Einklang mit dem Kosmos.
Mit dieser bewährten Methode können Sie spielerisch Ihrem Leben eine neue Richtung geben.

Gesprochen von Michaela Merten und Pierre Franckh

Pierre Franckh
Das Gesetz der Resonanz
Hörbuch

2 CDs
€ 16,95
ISBN 978-3-86728-071-6

Können sich wirklich alle Wünsche erfüllen? Sind unsere Zukunft und unsere Vergangenheit eins? Können wir sogar unsere DNA durch Gedankenkraft verändern? Sind zielgerichtete Wünsche »Angebotswellen« an das Universum und wird dadurch eine neue Wirklichkeit erschaffen?
Der Quantensprung der Menschheit ist in greifbare Nähe gerückt. Das »Gesetz der Resonanz« erfasst uns alle. Wir lernen auf einer tiefgreifenden Ebene, wie wir Ursache und Wirkung bewusst beeinflussen können.

Gesprochen von Michaela Merten
und Pierre Franckh

Pierre Franckh
Wunschgeschichten für die Seele
€ 9,95
ISBN 978-3-86728-077-8

Die Wunder gehen weiter –
60 außergewöhnliche Wunschgeschichten
Vom Leben bekommst du nichts geschenkt? – Doch, du musst es dir nur von Herzen wünschen, denn das Universum ist immer großzügig! Davon zeugen die wahren Begebenheiten und erfüllten Lebensträume, die in diesem Buch versammelt sind. Lass dich von den Geschichten inspirieren, dir Mut und Kraft geben, und folge den Menschen, die den Weg ins Land des Wünschens schon gefunden haben. Dann werden auch deine Träume in Erfüllung gehen – vielleicht sogar schneller, als du denkst. Denn diese Wunschgeschichten sind nicht nur Seelentröster und Ideengeber, sondern auch Vorbilder, an denen du dich bei deiner eigenen Traumerfüllung orientieren kannst.
Sei bereit für die täglichen Wunder – wünsch es dir einfach!